Wilhelm Vogt

Die Vorgeschichte des Bauernkrieges

Wilhelm Vogt

Die Vorgeschichte des Bauernkrieges

ISBN/EAN: 9783743320987

Hergestellt in Europa, USA, Kanada, Australien, Japan

Cover: Foto ©ninafisch / pixelio.de

Manufactured and distributed by brebook publishing software
(www.brebook.com)

Wilhelm Vogt

Die Vorgeschichte des Bauernkrieges

Die Vorgeschichte

des Bauernkrieges.

Von

Wilhelm Vogt.

Halle 1887.

Verein für Reformationsgeschichte.

August Kluckhohn

gewidmet.

Vorwort.

Der große Bauernkrieg der Jahre 1525 und 1526 ist nicht zu verstehen ohne eine genaue Kenntnis seiner Vorgeschichte, die bis an den Anfang des fünfzehnten Jahrhunderts zurückreicht. Es handelt sich zunächst darum die Stellung des Bauernstandes in jeder Beziehung und die Agrarverhältnisse, wie sie sich auf Grund der mittelalterlichen Gesellschaftsordnung herausgebildet haben, zu untersuchen, um darüber Klarheit zu verschaffen, ob diese sociale Frage künstlich erzeugt worden ist oder ob sie das Ergebnis historischer Entwickelung, also ein natürlicher Prozeß ist. Eine zweite Aufgabe besteht darin nachzuforschen, welche Vorschläge zur Besserung und Umgestaltung der Verhältnisse gemacht worden sind, wie weit diese Reformversuche sich mit dem Bestehenden abzufinden verstanden und im Bauernstande selbst Billigung und Annahme fanden. Wenn man oft behauptet hat, daß die Reformation die Bauernfrage verschärft habe, so lehrt die Vorgeschichte des Bauernkrieges, daß eine Verschärfung kaum mehr möglich war, zugleich aber auch daß diese Frage mit sanften Mitteln überhaupt nicht mehr gelöst werden konnte. Gesellschaftsordnungen von dieser Tragweite sind niemals ohne Gewalt umgeändert worden.

Augsburg.   Dr. Wilhelm Vogt.

Inhalt.

~~~~~~~

———————

Erstes Kapitel.

Die rechtliche Stellung des Bauernstandes. Die Boden=belastung. Das Erträgnis der landwirtschaftlichen Arbeit.

Das christlich=germanische Rechtsbewußtsein forderte für die Menschen die persönliche Freiheit; in der That war sie auch in der alten Zeit ein Gemeingut der Deutschen[1]). Aber gerade germanische Einrichtungen, der Heerbann und das Lehnswesen nämlich, wurden die Feinde dieses alten volkstümlichen Besitzes und führten wie von selbst für einen Teil der Bevölkerung und zwar für die breite Masse der Landbevölkerung die Unfreiheit frühzeitig herbei. Dieser Zustand wurde für ein großes Uebel angesehen und als eine schwere Last empfunden, weil aus dem Volksbewußtsein die Erinnerung an das hohe Gut, das einst alle besaßen und sich nur ein geringer Teil zu erhalten gewußt hatte, nicht zu tilgen war. Die beiden Rechtsbücher des 13. Jahrhunderts, der Sachsenspiegel und der Schwabenspiegel, stellen die Freiheit als den ursprünglichen Zustand dar und leiten das Recht derselben aus der heiligen Schrift ab. Gott habe alle Menschen

---

[1]) Es ist dies nicht so zu verstehen, als ob es bei den Germanen keine Unfreie gegeben hätte; aber diese Unfreien waren ursprünglich fast ausnahms=los Kriegsgefangene oder Nachkommen derselben. Wenn schon Tacitus in seiner Germania (c. 24 u. 25) erzählt, daß freie Männer beim Würfelspiel sogar ihre Person und Freiheit auf den letzten Wurf einsetzten, so darf diese Notiz sicher nicht zu allgemein genommen werden. Diese Tollheit beschränkte sich auf Ausnahmsfälle und bildete nicht eine stehende Regel. Vergl. hier und über das folgende: Meitzen, der Boden und die landwirtschaftlichen Ver=hältnisse des preußischen Staates I, 365 ff.

erschaffen, sagt das ältere derselben[1]), und alle durch seinen Tod
erlöst: der Arme gilt ihm soviel als der Reiche. Die Eigenschaft
(Leibeigenschaft) komme von Zwang und Gefängnis und von
unrechter Gewalt: und dieses Unrecht möchte man jetzt zum
Recht stempeln. Der Schwabenspiegel spricht[2]) denselben Grund=
satz aus: „Wir haben in der Schrift, daß niemand soll eigen
(leibeigen) sein. Doch ist es also dahin gekommen mit Gewalt
und mit Zwang, daß es nun Recht ist, daß eigene Leute sind.“
Diese Auffassung ging nicht verloren: das Volk betrachtete je
und je die Leibeigenschaft als eine Sünde wider Gottes Gebot.
In der sogenannten Reformation des Kaisers Sigmund heißt es:
„Es ist eine unerhörte Sache, ein Unrecht, über welches man der
Christenheit die Augen öffnen muß, daß es Leute giebt, die zu
jemand sprechen: du bist mein eigen. Hat Christus so schwer
gelitten, um uns frei zu machen und von allen Banden zu er=
lösen, so ist hierin niemand vor dem andern erhoben. In gleichem
Stand hat er uns gefreit, es sei einer edel oder unedel, arm
oder reich, groß oder klein; wer getauft ist und glaubt, gehört
zu den Gliedern Jesu Christi.“

Wenn also in der Reformationszeit die Bauern nicht mehr
„eigen, sondern allein Christus sein (Christo gehören)“[3]) wollten,
wenn die Bauernbeschwerden und Bauernklagen fast alle diesen
Ton anschlagen, daß sie keine Leibherren mehr haben wollen, und
nicht wie die Kühe und Kälber verkauft werden sollen, „dieweil
wir alle nur Einen Herrn, das ist Gott den Herrn im Himmel,
haben“[4]), wenn 1513 die Breisgauer nach ihrem ersten Artikel
keinen Herrn als Gott, den Papst und den Kaiser anerkennen

---

[1]) Sachsenspiegel III, 42: Na rechter wahrheit so hevet egenscap
begin von gebvange und von vengnisse und von unrechter walt, die man von
albere in unrechter wonheit getogen hevet unde nu vore recht haben wel.

[2]) Landrecht, Artikel 57: „Wir haben an der schrift, daz nieman sol
eigen sin. Doch ist es also bar komen mit gewalt unde mit twancsal, daz
es nu recht ist, daz eigen liute sin.“

[3]) Brief des bayr. Kanzlers Dr. Leonhard von Eck vom 15. Februar
1525, siehe Vogt, bayrische Politik S. 384.

[4]) Vogt, Korresp. des U. Arzt Nr. 891, Beschwerde der Gotteshaus=
leute von Ochsenhausen, ebd. noch viele Beispiele.

wollen, wenn weiter der dritte von den berühmten zwölf Bauern=
artikeln es ausspricht, daß die Leibeigenschaft etwas unbilliges
sei, „angesehen, daß uns Christus all mit seinem kostbarlichen
Blut vergossen erlöst und erkauft hat, den Hirten gleich als wohl
als (sowohl als) den Höchsten, keinen ausgenommen", so sind diese
Forderungen samt ihrer Begründung nicht etwas neues, sondern
uralte Anschauungen des christlich=germanischen Volksrechts.
Nicht die Reformation also hat den gemeinen Mann zu einem
falschen Verständnis der christlichen Freiheit verleitet und durch
ihr Evangelium vorher unbekannte Anschauungen in ihm geweckt,
sondern diese Rechtsanschauungen waren so alt, ja älter, als das Un=
recht, und wurden wacherhalten durch die Lage, in welche die Bauern=
schaft durch die Not der Zeiten geraten war. Je mehr sich die=
selbe verschlimmerte, um so sehnsüchtiger blickte man nach der
bessern Vergangenheit zurück, um so zornmutiger wurde es aus=
gesprochen, daß die Unfreiheit eine Sünde wider Gottes Gebot
sei. Dieser Sachverhalt muß mit dem größten Nachdruck hervor=
gehoben werden. Denn eine beliebte, aber falsche Anschuldigung
der Reformation geht immer wieder dahin, daß sie geflissentlich
die Unzufriedenheit des gemeinen Mannes durch ihre Predigt von
der evangelischen Freiheit erregt habe. Im Gegenteil aber ist
wahr, daß diese Volksanschauung ein viel höheres Alter hat als
die kirchliche Reformbewegung und daß der verbriefte Nachweis
hievon bereits in den angezogenen Rechtsbüchern klar und deutlich
zu lesen ist.

Die Kreuzzüge sollen auch dem Bauernstand Vorteile gebracht
haben, indem viele Bauern wieder die Freiheit erlangt hätten.[1]
Allein dieselbe ging jedenfalls im Laufe der folgenden Zeit wieder
dem größten Teile verloren. Die Freiheit wurde nicht die Regel,
sondern die Ausnahme. Die freien Markgenossenschaften
d. h. Gemarkungen, in denen ganze Sippen vollfreier Bauern
patriarchalisch zusammenwohnten, jeder neben seinem persönlichen
Besitz an urbarem Land noch seinen Anteil am Gesamteigentum

[1] Die weitverbreitete Ansicht, daß die Kreuzzüge eine wesentliche Aen=
derung zu Gunsten der deutschen Bauernschaft herbeigeführt habe, ist nicht
so sicher erwiesen, als manche zu glauben scheinen.

(Allmende), an Wald und Weide, Wasser und Weg hatte, ver=
schwanden allmählich mehr und mehr.[1]) Nur einzelne Dörfer
und Höfe erhielten sich da und dort ihre Freiheit selbst bis auf
die neuere Zeit. Solche vollfreie[2]) Bauern gab es noch im Norden
und Süden: in Oesterreich, Tyrol, Steiermark, Kärnthen und
Bayern; in Schwaben und Franken; am Rhein, bei den Nieder=
sachsen und Friesen: unter den letzteren ein Vorbild, wie man
mit der sozialen auch die wirtschaftliche Freiheit schützen müsse,
die Dithmarschen, welche im Jahre 1500 auf dem Damme zu
Hemmingstedt den Dänenkönig Johann mitsamt seinem stolzen
Heere besiegten. Den Oberdeutschen aber leuchtete mit den glän=
zenden Bergspitzen der Schweiz das Andenken an den fast hundert=
jährigen Kampf herüber, in welchem die unerschrockenen Männer
das Gelüste der Habsburger bei Morgarten, Näfels und Sempach
blutig abgewehrt hatten. Indessen erwies sich die zerstörende
Macht der Verhältnisse stärker als Beispiel und Wille. Um die
Wende des 15. und 16. Jahrhunderts genossen, ein Zeichen der
Vollfreiheit, nur noch die Landgemeinden in Tyrol und Friesland
ständische Rechte. In Tyrol hatten sich die Städte und Bauern
durch die standhafte Treue, mit der sie den in Acht und Bann
stehenden Friedrich mit der leeren Tasche schützten, das Sitz= und
Stimmrecht in der Landtafel erworben. In Friesland hatte der
stolze und unbeugsame Sinn der Bauerngemeinden der Marsch
darüber gewacht, daß ihnen ihre Stellung auf den Landtagen
nicht genommen wurde.[3]) Und in beiden Fällen war die Bauern=
schaft, wie sonst keine in Deutschland, von der Natur geschützt:
hier wie dort verhinderte sie die starke Entwickelung landesherr=
licher und gutsherrlicher Gewalt.[4])

Zwei Faktoren zeigten sich dem Freibauerntum besonders

---

[1]) K. Fischer, deutsches Leben und deutsche Zustände v. d. Hohen=
staufen bis zur Reformationszeit. S. 56 ff. u. 109.

[2]) Man unterschied Großgüter, Mittelgüter, Kleingüter je nach der An=
zahl von Mansen oder Hufen (Mansus eig. das Wohngebäude, Hofraithe.
Hufe = das Pflugland). Großgut 10 Mansen, Mittelgut 2. Kleingut darunter.
Manse oder Hufe 3—4 Morgen. Vergl. Meitzen a. a. O. S. 370.

[3]) Unger, Gesch. der deutschen Landstände II, 110.

[4]) Zöllner, z. Vorgesch. d. Bauernkriegs S. 67.

gefährlich: die Einführung des wirklichen Zehnten und der
Rückgang der königlichen Gewalt, beides Erscheinungen, die
weit in das Mittelalter hinauf reichen. Der Bauer brauchte
Rechtsschutz und Sicherheit für seinen Besitz und seine Arbeit,
und da beides nicht mehr mit starker Hand vom Kaiser gewährt
wurde, so sah sich jener gezwungen sich an den Mächtigsten in
seiner Nachbarschaft, an Feudalherren oder Klöster zu wenden
und für die Gewährung des Schutzes sich des Vollmaßes seiner
Freiheit zu begeben, ihre „Herrlichkeit" anzuerkennen und gewisse
Lasten zu übernehmen. So wurde auf dem platten Lande das
bäuerliche Eigentum „pfleghaft", zinsbar. Oder es ließen sich
freie Bauern von reichbegüterten Herren Grundbesitz mit der
Verpflichtung übertragen, dafür einen kleinen Zins zu entrichten.[1]
In diesen Fällen war das Eigentum nicht mehr echt; das echte,
das Obereigentum stand den Herren zu, die Bauern wurden Zins=
bauern. Zu solchen Zinsbauern kamen weiter solche, welche auf den
den Ritterbürtigen verliehenen Ding= oder Haupthöfen Besitz und
Nutzungsrecht besaßen. Auf sie wurde das Lehnssystem in der
Art angewendet, daß sie mit Diensten verschiedener Gattung, mit
Botendiensten, mit Hand= und Spanndiensten d. i. mit Fronden
belastet wurden.[2] In dem Maße, als die bäuerliche Bevölkerung
zunahm, erschien es als das Einträglichste für die Grundherren,
statt ihre Güter selbst zu bebauen, sie als kleine Bauernlehen

---

[1] Dieser geschichtliche Prozeß ist allerdings nicht überall der gleiche
gewesen. Aber er führte fast allenthalben zum gleichen Ziel. Beinahe jede
deutsche Landschaft hat, soweit sich heute diese dunkle Sache noch nachweisen
läßt, ihre eigenartige Entwicklung. Grundverschieden gestalteten sich ins=
besondere dort, so z. B. im Nordosten Deutschlands, die Verhältnisse, wo
ganze Länderstriche erst germanisirt werden mußten. Der Eroberer erwarb
da auch den Grund und Boden und vergab ihn nach Gutdünken; immerhin
aber führte auch dies zu agrarischen Verfassungen, unter welchen die bäuer=
liche Bevölkerung sich in der abhängigsten Stellung befand. Mit Recht sagt
also Meitzen a. a. O. S. 372: Es gebe eine solche Mannigfaltigkeit agrarischer
Verfassungen und Rechtsverhältnisse, „daß den eingehenden archivalischen
und rechtsgeschichtlichen Forschungen, so reichhaltige Materialien dieselben
auch bereits beigebracht haben, eine vollständige Sichtung doch noch keines=
wegs gelungen ist."
[2] Stobbe, deutsches Privatrecht II, 532 ff.

gegen Zins und Fronden an Bauern zu verleihen und also von diesen Abgaben und Renten, dem modernen Rentier vergleichbar, zu leben. Die Zeit solcher Vergabung oder Verpachtung stand im Belieben des Besitzers, der durch die Fortdauer seines Geschlechts (Adels) oder seiner Gemeinschaft (Klöster, auch Städte) für sein Eigentumsrecht nichts zu fürchten hatte, es also jeder Zeit wahren konnte. Diese Pächter, welche persönlich frei oder unfrei sein konnten und Colonen oder Grundholden genannt wurden, saßen auf ihrer Pacht in mannigfaltigen Abstufungen als unbeschränkte Erbpächter oder als Pächter auf mehrere Generationen oder als Zeitpächter auf Lebensdauer oder kürzere Frist. Nach dem geschlossenen Vertrage konnten sie entweder jeder Zeit entlassen werden oder die Entlassung war in aller Form ausgeschlossen. Wie dem Vertrag in jedem einzelnen Falle diese und andere Bestimmungen zufielen, so war demselben auch die Feststellung der Leistungen vorbehalten und daraus erklärt sich die fast unabsehbare Mannigfaltigkeit derselben. „Alle diese Bauern, mochten sie Leibeigene, besitzlose oder behauste Freie mit oder ohne Grundbesitz, die sich in den Schutz der Grundherren begeben hatten, oder Zinsleute sein, sie alle standen als dienstpflichtig der Herrschaft gegenüber." Die oben erwähnte Verleihung der Herrengüter in der Form von Bauerlehen vollzog sich im 15. Jahrhundert am meisten im südwestlichen Deutschland, also da wo die Bauernunruhen als Vorläufer des großen Bauernkriegs und dann dieser selbst, ihren hauptsächlichen Herd hatten. „Die Zahl der kleinen Bauern, denen namentlich Stücke geistlicher Besitzungen zur Bewirtschaftung übergeben wurden, wuchs fortwährend." Mit dem steigenden Angebot verschärften die Grundherren ihre Bedingungen. Die von Baltringen[1]) z. B. klagen bezüglich der Zinsen und Gülten, daß sich Güter fänden, „die jetzt eines als viel (so viel) geben, als vor zwei." Die Elmensweiler klagen, daß sie die Zinsen und Gülten nicht mehr „verschwingen" können. An Abnehmern fehlte es dennoch nicht; bei dem Wachstum der bäuerlichen Bevölkerung gab es besitzlose Bauernsöhne genug, die nach solchen freilich sehr stark belasteten Lehen

---

[1]) Korrespondenz d. U. Arzt Nr. 882. 887.

griffen. Sie mußten, auch im Norden Deutschlands z. B. in der Mark Brandenburg, einen Ackerzins entrichten, den Zehnten und zwar den Feld= und Fleischzehnten geben und außerdem auch sich zu Heer= oder Burgdiensten und Gemeindelasten verflichten.[1]) Allein diese starke Belastung mit harten Abgaben und Fronden verspürte der Uebernehmende doch, sobald er die Leistungen zu erfüllen hatte. Was blieb aber dem Betroffenen, wenn er durch die Sorge für Weib und Kind auf den Erwerb angewiesen und ohne Aussicht sein Loos verbessern zu können an die Scholle ge= bunden war, anders übrig, als das Schwerste, so gut es eben ging, zu ertragen und wenn er Gelegenheit fand, mit andern Leidensgenossen den Versuch zu machen, ob sich das Joch nicht vom Halse schütteln lasse? Zweifellos sehen wir hier sich volks= wirtschaftliche und soziale Verhältnisse entwickeln, die ungesund sind und deshalb keinen ruhigen Verlauf der Dinge erwarten lassen. Eine Lebensordnung, die auf kranken und unnatürlichen Grundlagen beruhte, mußte, wenn die ausgleichende Gerechtigkeit dies nicht irgendwie vorher verhinderte, zur Revolution des ge= drückten Standes führen.

Noch deutlicher erkennt man das, wenn man die bäuer= lichen Lasten, das „Chaos der bäuerlichen Lasten", wie sich der Nationalökonom W. Roscher[2]) ausdrückt, etwas näher be= trachtet. Im Ganzen kann man sie in zwei Klassen einteilen, und zwar in Natural= oder Geldleistungen und in Fronden oder Dienste: rechtlich betrachtet fallen sie entweder unter das Privat= oder unter das öffentliche Recht. Die Leibeigenschaft berechtigte ursprünglich den Herrn zur unbeschränkten Ver= fügung über den ganzen Erwerb und die ganze Zeit des Knechtes. Allein dies sklavische Verhältnis wurde allmählich durch Sitte und Recht dahin gemildert, daß der Hörige von den ihm über= wiesenen Grundstücken bestimmte Abgaben zu leisten oder auf den Liegenschaften seines Herrn bestimmte Arbeiten zu verrichten hatte. Daß aber außer in Hinterpommern die Leibeigenschaft im übrigen Deutschland — natürlich unter dem Einfluß der Kirche —

---

[1]) Meitzen a. a. O. S. 378.
[2]) W. Roscher, Nationalökonomik des Ackerbaues. S. 288 ff.

aufgehoben war, ist eine falsche Behauptung.[1]) Dagegen spricht nicht nur der fast einmütige Protest fast aller Bauernbeschwerden, die sich nicht mit der Illusion befaßten, was schon außer Gebrauch gesetzt war, noch abschaffen zu wollen, sondern auch thatsächliche Verhältnisse. Die Kemptener beschweren sich z. B., daß man freien Zinsern, wenn sie sich mit Leibeigenen des Abtes verheiraten, so lange den Gottesdienst verbietet, bis sich der freie Teil in die Eigenschaft des Abtes begibt, also ihm die „Freiheit und Gerechtigkeit genommen und in einen harten Staut (Staat) oder Stand wider Recht eingeführt" wird. Zu jenen Abgaben gehörten Zins, Gülten und Zehnten. Die Zinsen und Gülten sind Geldsteuern und vertreten ihrer Natur nach die Kapitalzinsen für Darlehen, mochten diese nun in Geld oder Gut bestanden haben. Bei dem herrschenden Mangel an baarem Geld und der Schwierigkeit seine Produkte um Geld abzusetzen zog es der Hörige oder Zinser vor durch Naturalleistungen seinen Verpflichtungen nachzukommen. Aber er mußte gar bald gewahren, daß er sich damit selbst eine Rute auf den Rücken gebunden hatte. Denn in demselben Verhältnis, als er durch Fleiß und Einsicht die Ertragsfähigkeit seiner Grundstücke steigerte, wuchs die Belastung, mochte die Abgabe nun schon gar in der dritten Garbe oder im Zehnten bestehen. Deshalb versuchte der Bauernstand im 15. Jahrhunderte an die Stelle der Naturalleistung vielfach wieder fixirte Geldabgaben zu setzen, wogegen die Herren, bei der steigenden Geldentwertung sich lebhaft sperrten, ein Widerstreit, der sich schließlich bis zu der Forderung der fast gänzlichen Abschaffung des Zehnten in den ersten Jahrzehnten des 16. Jahrhunderts auswuchs. Dieses Bestreben der deutschen Bauernschaft die Fixirung der Abgaben herbeizuführen war durchaus sachgemäß und hätte als allgemeine Reform durchgeführt zweifellos der Revolution den Boden entzogen, wenigstens dem gemäßigten Teil der Landbevölkerung durchaus genügt. Auch anderwärts wurde diese Forderung schon früher gestellt, aber hier wie dort abgewiesen. Die zahlreiche mährische Sekte der „Gemäßigten" z. B. wäre in den Zeiten des Husitentums gern bereit gewesen

---

[1]) Janssen, Gesch. des deutschen Volkes I, 277.

einen firirten Jahreszins zu zahlen.[1]) In der Tha „bewirkte die Zehntform der Abgaben, welche dem Gewerbfleiß und Handel kaum auferlegt werden konnten, eine Ueberlastung des Acker=baues."[2])

Dreierlei Zehnten hatte der Bauer[3]) zu entrichten: 1) den großen oder Kornzehnten d. h. die zehnte Garbe (den zehnten Teil) von Allem, was Halm und Stengel treibt; auch der Wein gehörte dazu; 2) den kleinen oder Krautzehnten von Gemüse, Obst und Wurzelfrüchten und 3) den Fleisch= oder Blutzehnten von den landwirtschaftlichen Tieren. Diese Belastung war sicher=lich schon für sich genug, selbst wo es der Kirche nicht gelang dazu noch auf Grund von 3. Mose 27, 26 ff. den Levitenzehnten hinzuzufügen[4]) und wo der sogenannte Rutscherzins, der in der Lieferung von Hühnern zu bestimmten Zeiten, Fastnachts=, Ernte=, Martinshühnern, bestand,[5]) entweder nicht im Gebrauch war oder mild gehandhabt wurde. Nimmt man sogar an, daß der Grund=holde schuldenfrei war und keinerlei schwere Schläge weder ihn noch seine Familie noch seinen Stall noch seine Feldfrüchte trafen, so waren 10%, die von dem Brutto=Ertragnis vorwegge=nommen wurden, eine zu starke Abgabe; denn er hatte doch auch seinen Haushalt, den Wirthschaftsbetrieb mit den Auslagen für Samen und lebendes wie totes Inventar zu bestreiten und oben=drein noch seine Steuern an den Landesherrn (Teritoritalherrn, Fürsten ꝛc.) zu entrichten und anderes mehr. Es ist daher sehr zu bezweifeln, ob bei diesem System etwas nennenswertes erübrigt werden konnte. Wohl umsoweniger, als dasselbe auch noch die harte Einrichtung des Sterbefalls aufweist. Starb nämlich der Grundholde, so stand dem Lehnsherrn ursprünglich ein Erb-

---

[1]) Bezold, z. Geschichte des Hussitentums S. 59.
[2]) W. Roscher, Gesch. der Nationalökonomie S. 21.
[3]) W. Roscher, Nationalökonomik des Ackerbaues S. 298.
[4]) Wenn Janssen I, 260 vom Zehnten gar nicht spricht, so hat ihn offenbar dazu der Umstand bewogen, daß ihn die Berührung dieses Punktes sowie manches andere verhindert hätte sein idyllisches Bild von der Lage der bäuerlichen Bevölkerung zu entwerfen. Vergl. Meitzen a. a. O. S. 354.
[5]) Runde, deutsches Privatrecht S. 447 versteht darunter den sich verdoppelnden oder wenigstens anwachsenden Zins für den, welcher seine Abgaben nicht zur rechten Zeit entrichtete.

recht auf das gesamte Vermögen des Verstorbenen zu, woraus sich zusammen mit der Abgabe für den Besitzwechsel der Haupt= fall, das Besthaupt d. i. das Todfallgeld[1]) gestaltete. Diese Erbschaftsteuer betrug in den verschiedenen Gegenden nicht gleich= viel, sie wurde aber wohl allenthalben, wie in den österreichischen Herzogtümern, als „eine unzulässige Bedrängnis" angesehen. In Niederösterreich, Salzburg, Bayern, Mähren machte sie 5, in Steier= mark und Oberösterreich 10, in Kärnthen 14²/;, in Würtemberg (Ehrschatz) 10—15, aber auch bis 30 Prozent vom Wert des Bauernhofes[2]) aus. Man darf doch wohl annehmen, daß diese Steuer einen großen Teil des Erworbenen, vielleicht in gar manchen Fällen das Ganze verschlang und zwar in dem Augen= blick, wo vielfach der Tod des Vaters an sich schon ein großes Unglück für die Familie war. „Wann Einer stirbt", klagen z. B. die von Attenweiler,[3]) „so kommt dann er (der Abt von Weingar= ten) und teilt mit der Frau oder mit dem Mann. Wir meinen, es sei wider die göttliche Gerechtigkeit, daß er unsere Kinder erben soll. Das erbarm Gott im ewigen Reich." Die von Beuren[4]) verlangen die Abschaffung des Ehrschatzes. Die Odenwälder und Neckarthaler Bauernhaufen erklären in ihrem elften Artikel:[5]) „Den Todfall betreffen(d), soll laut des Artikels von jetzo an

---

[1]) Das Mortuarium betraf das beste Stück Vieh (Besthaupt. Haupt= fall) oder das beste Kleid, das Laudemium die Abgabe einer Quote vom Gutswert bei jedem Besitzwechsel. W. Roscher, Rationalökonomie S. 290. Im Bistum Augsburg (Langenerringen) hieß diese Erbschaftsteuer Hand= lohn und betrug bis in 40 oder 50 Gulden. Baumann, Akten S. 161. „Das Laudemium besteht im zehnten Theil des Kaufgeldes und galt als Zeichen frei veräußerlicher Güter und als deutsches Recht." Meitzen a. a. O. S. 381.

[2]) W. Roscher, ebb. S. 292. Wenn Janssen l. 281 sich damit behilft, daß er meint, die Erbschaftsteuer in den Städten sei noch viel höher — oft bis 25%o — gewesen, so findet sich nirgens eine Spur davon, daß sich die Bauern durch diesen Vergleich getröstet hätten. Wenn er weiter anführt, daß in Thyrol die Grundherrschaft vom ganzen Nachlaß nur einen Ochsen erhielt, so übersieht er, daß dort der Boden zumeist sehr wenig wert ist und war und das ganze Vermögen eben der Viehstand ausmachte.

[3]) Korrespondenz d. U. Arzt Nr. 881.

[4]) Ebd. Nr. 883.

[5]) Oechsle, Gesch. des Bauernkrieges S. 290.

tobt und ab sein und furohin niemants zu geben nichts schuldig (sein)."

Neben den Geld= und Naturalleistungen bestanden noch die Fronden:[1]) Hand= und Spanndienste, Jagd=, Fischerei= und Bau= fronden (letzteres Scharwerk).[2]) Für diese gab es ebensowenig eine gleiche Norm wie für jene. Die ungemessenen Fronden gehören der Zeit der vollen Leibeigenschaft an und bestanden fast nirgends mehr. An ihre Stelle waren die gemessenen getreten. Die gemessenen Fronden sind nach Zeit und Gegenständen (Zeit= und Stückfronden) in jedem einzelnen Fall genau bestimmt. In Oesterreich hatte kein Fröner über zwölf Tage im Jahr Fron= dienste zu leisten. Diese Milde herrschte nicht überall. In manchen Gegenden mußten die Fröner im April und Mai vier Wochen lang Dienste thun, hernach bis Johannis täglich Nachmittags; andere hatten einen Tag Heu zu mähen, einen Tag Heu zu rechen, einen Tag Korn zu schneiden und fünf Karren einzuführen; wieder andere mußten eine gewisse Anzahl von Morgen von der Bestellung der Saat bis zur Einheimsung der Ernte besorgen, zuweilen sogar das nötige Saatkorn selbst liefern. Wenn die Unterthanen der Herrschaft Stadion sich beklagen, daß sie „mit täglichen Diensten und Dienstgeld" hart beschweret seien, und um Milderung und Verringerung derselben bitten, weil gar oft „Einer das sein(ige) muß liegen lassen und großen Schaden durch solches empfangen", so sieht man, was es selbst mit den gemessenen Fronden zuweilen für eine Bewandtnis hatte. Eine mildernde Einrichtung war es, daß die Fronden Tags vorher angesagt werden mußten und nicht nachgefordert werden durften. Viele Herrschaften hielten auch darauf, daß die Fröner während ihrer Arbeit entsprechend verköstigt wurden.[3]) Es lag das wohl in ihrem eigenen Interesse, denn der hungrige Arbeiter ist wider=

---

[1]) W. Roscher, Rationalökonomik S. 290.

[2]) Keinen wirtschaftlichen Charakter trugen Fronden, wie das „Stillen der Frösche" (Grimm, Rechtsaltertümer S. 355.), oder das Flöhesuchen im Bett der Herrschaft. Roscher ist geneigt, diese Dienstleistung mehr aus altertümlicher Symbolik, als durch Uebermut zu erklären. Es macht aber doch den Eindruck, als ob zuweilen der Uebermut dabei auch nicht gefehlt habe.

[3]) Janssen I, 261.

willig und leistungsunfähiger. Verpflegungspflichten existirten
auch noch in andern Fällen. Wenn die Hörigen ihre Abgaben,
sei es an Geld oder an Naturalien, überbrachten, wurden sie
gütlich bewirtet, hie und da gekleidet und selbst mit Musik und
Tanz erheitert.[1] Es bildeten sich auch bei diesen „Ergötzlichkeiten"
durch das Herkommen Rechtsbräuche heraus, die zu Pflichten
seitens der Herrschaften wurden und auf deren Erfüllung dann
die Grundholden ebenso bestanden, wie sie selbst ihre Leistungen
zu entrichten gehalten waren. Wo beiderseits der gute Wille
vorhanden war, verlor selbst das harte System durch das persönliche Entgegenkommen etwas von seinem Druck. Die Erkennt-
lichkeit der Herrschaft, die sich in den erwähnten Gegenleistungen
ausdrückte, versüßte dem Bauer doch ein wenig die Bitterkeit
seiner zahlreichen Leistungen und Reichnisse. Aber man würde
sich täuschen, wenn man annehmen wollte, daß die Grundherren
überall so menschenfreundlich dachten. Die Langenerringer[2] z. B.
machten andere Erfahrungen, sonst hätten sie sich nicht „ernstlich"
zu begehren veranlaßt gesehn: „So wir die Gülten heimführen,
daß man uns und auch den Rossen zu essen und trinken nach
ziemlicher Notburft zu schaffen gebe und verordne." Die Kis-
legger Bauern,[3] sehr häufig als Treiber bei den herrschaftlichen
Jagden herangezogen, empfingen am Abend zum Lohn für ihre
Arbeit Beschimpfungen und Schläge. „So einer gleich ein ganzen
Tag gejagt, ... ongessen und ontrunken oft Einer kaum gehen
(zu gehen vermochte), dannoch laufen müssen, sein Dank und
Belonung in Schelten, Fluchen und Anschwören gewest, oder
gleichwohl alsbald darzu umb den Kopf geprügelt und geschlagen
worden, darzu auch unser Frucht im Feld mit Weizen verheert
und vertriben, das doch billich zu beschechen nit sein solle."
   Als sicher kann angesehen werden, daß die Grundholden
viel schwieriger sich ihren Verpflichtungen entziehen konnten als
die Grundherren. Die letzteren hatten die Gewalt und je nach
ihrem Besitzstand eine entsprechende Anzahl dienstbeflissener Be-

---

[1] Ebd. 252. Die Bringzinsen sind die Regel; es gab aber auch
einzelne Holzinsen, die der Herr selbst abholte oder abholen ließ.
[2] Baumann, Akten Nr. 167.
[3] Ebd. Nr. 104.

amter. An wen aber sollten sich die Hintersassen, mochten es
nun freie oder unfreie sein, mit ihren Beschwerden wenden
bei der völligen Auflösung, der das Gerichtswesen verfallen war?
Im achten Artikel ihrer Beschwerden sagt die Gemeinde zu Bal=
tringen:[1] „So sind wir beschwert mit Boten und Verboten.
Darum so ist jetzt unsere Bitt und Begehr, welcher das Recht
begehrt und anruft, das soll ihm nit abgeschlagen werden und
nit übereilt." Selbst wenn eine Beschwerde die ganze Gemeinde
traf und in Aufregung versetzte, so daß sie sich entschloß gegen
die Plackerei irgend welcher Art aufzutreten, — so war noch
nicht ausgemacht, ob selbst dann sich ein Erfolg voraussehen
ließ, denn der Einspruch gegen die Competenz der Vertretung
der Gemeinde und die Verschleppung auf dem Rechtsweg sorgten
schon für die Erfolglosigkeit. Die Herrschaft war auch in dieser
Beziehung besser daran. Sie erhob sofort gegen jeden Mißbrauch
Einspruch und griff zu Strafen, denen der Hörige sich nicht
entziehen konnte.

War er frei, so konnte ihn freilich der Grundherr nicht
hindern den Hof zu verlassen, allein zuvor mußte er seine Ver=
pflichtungen an etwa rückständigen Zinsen und sonstigen Leistungen
und Schulden bereinigt haben. Den Aebten von Kempten gefiel
dieses Recht freilich nicht. Auch dort[1] hatten ursprünglich die
freien Zinser den „freien Zug" im ganzen Reich ohne „alle
Schatzung"; aber plötzlich war es den Prälaten eingefallen eine
neue „Gerechtigkeit" zu machen und demjenigen, der sich aus des
„Gotteshauses Herrlichkeit und Obrigkeit" ziehen wollte, den
dritten Pfennig seiner beweglichen und unbeweglichen Güter
abzunehmen. Der Abt, zur Rede gestellt, konnte dies nicht ab-
leugnen. Der dritte Pfennig sei schon lange im Gebrauch und
freien Zug hätten sie nicht, außer nach Kempten. „Der Zinser
(ist) seins Leibs halben nit frei und ledig seines Willens zu
handeln." Verfuhr man so schon mit den freien Grundhörigen,
welcher Bedrängung werden dann erst die Leibeigenen ausgesetzt
gewesen sein? Die unfreien Hintersassen waren an die Scholle
gebunden, denn darin bestand vor allem die Leibeigenschaft, daß

---

[1] Baumann, Akten Nr. 62.

14

sie das Freizügigkeitsrecht völlig ausschloß, und das galt hier auch für die Kinder.[1]) Die von Bußmannshausen,[2]) dem Hans von Roth zugehörig, wollen aus diesem Grund die Leibeigen= schaft aufgehoben wissen. „Wenn einer von uns," klagen sie, „einen Sohn oder Tochter ihnen zu Nutzen außerhalb der Güter des Herrn verheiraten will, so gestattet es derselbe nicht außer um Geld." In der „Beschwärnuß" der Gemeinde Baustetten, dem Kloster Heppach unterthänig, liest man: „Dieweil kein Bieder= mann seine Kinder verheiraten darf, er köffs (kaufe sie) denn (zu)vor dem Herrn ab, ... vermeinen wir nit mehr ¡leibeigen sein (zu sollen)." Daß die Leibeigenschaft diese Bedeutung, wie wir sie angegeben haben, wirklich besaß, beweist am deutlichsten die Milderung, welche 1525 der Rat zu Biberach auf die For= derung mehrerer ihm unterthänigen Bauergemeinden, die Leibeigen= schaft aufzuheben, eintreten ließ.[3]) „Darinnen will ein Rat," so lautet der Beschluß, „gegen ihnen als sein selbst eignen armen Leuten die Milderung suchen und pflegen und ihnen das in dem Stuck zu= und nachlassen, daß sich ein jedes derselben leibeigen Menschen, es seien Mann als Frauen, wohl gegen andere Per= sonen, wer und wo sie seien, ehrlich wohl verheiraten mögen, doch daß dieselben Eigenleut nichts destoweniger für und für dem heiligen Geist zu Bibrach jährlich mit Richtung (Reichung) der Leibhennen bleiben und (z)war also, so sie ersterben, daß dann ihre verlaßnen Erben für Fall= und Hauptrecht dem Spital nit mehr zu geben schuldig sein sollen, dann ein(e) Salzscheiben. Und so sich auch dieselben Eigenleute vor ihrem Tod vom Spi= tal wollten erkaufen, so soll ihnen dasselb gestattet und von einer Frauen nit mehr dann vier Gulden ¸und von einer Mansperson nit mehr dann zwei Gulden, aber wohl darunter, genommen werden." Es lag also lediglich im guten Willen der Herrschaften, die Härte der Leibeigenschaft zu mildern oder in allen ihren Folgen walten zu lassen.

Nicht anders verhielt es sich mit den Strafen, denen pflicht=

---

[1]) Zu vergl. selbst die spätern Bauernordnungen von 1570 u. s. w. bei Meitzen a. a. O. S. 361: „homines proprii et glebae adscripti."

[2]) Korrespond. d. U. Arzt Nr. 55.

[3]) Korrespondenz d. U. Arzt Nr. 886.

säumige Hörige verfielen. Es ist wahr, daß die Hofrechte und Weistümer über solche, die nicht zur rechten Zeit ihre Abgaben leisteten, meistenteils nur eine unbedeutende Geldbuße oder die Strafe in einigen Broden oder Maas Wein bestehend aussprachen.[1]) Die schonenden Bestimmungen beweisen nun, wo sie galten, nicht nur den milden, sondern auch den vernünftigen Sinn der Gesetzgebung, denn ein säumiger Schuldner, dessen Saumsal in den meisten Fällen in seinem Unvermögen seinen Grund hatte, würde kaum dadurch leistungsfähiger geworden sein, daß man ihm zu hohe Strafen auferlegte. Indessen sprachen diese Rechte auch höhere Strafen aus z. B. die Auspfändung, ja sogar den Verlust des Gutes. Man sollte freilich „bey Allem nit leichtfertig zu Wercke ghen, sonder dem Säumigen Zeit lassen und nit zu hart bestrafen; und wenn er arm ist, Barmherzigkeit mit im üben, ußgenommen die eigentlich schuldbaren, die ir Sach versümen und widerspenstig sint."[2]) Diese menschliche Nachsicht ist ohne Zweifel vielfach ge- übt worden, besonders von begüterten Herrschaften und da wo die Landesgewalt ein wachsames Auge darauf hatte, wie z. B. im bayrischen Herzogtum, daß der Bauer nicht unmäßig geplagt wurde. Aber wo der landesherrliche Schutz fehlte und die Herr- schaft auf die Gefälle weniger Güter angewiesen waren, da war häufig Schonung und Erbarmen zu vermissen. Die Gemeinde von Nißtissen, dem Junker von Stotzingen zugehörig[3]) führt Klage darüber, daß Renten und Gülten mit Drohungen gefordert und mit Spießen eingetrieben werden. „Sollich Ueberlaufung und Drohung außerhalb des Rechten will ein ganze Gemein fürohin nit mehr leyden keineswegs." Die von Alberweiler[4]) beschweren sich, daß man ihnen bei Pfändungen das Recht, wie sie es verlangten, verweigert habe.

---

[1]) Im Sachsenspiegel dagegen (B. 1 Art. 54) findet sich die äußerst strenge Bestimmung: „Swer seinen Zins zu rechten Tagen nicht engibt, zwei Gelde sal er geben des andern Tages und alle Tage also, diwile er in under ime hat."

[2]) Janssen I 284, wo noch einige derartige milde Bestimmungen an- geführt sind.

[3]) Korrespondenz b. U. Arzt Nr. 593.

[4]) Korresp. b. U. Arzt Nr. 580.

Die Billigkeit der Herrschaften gegen ihre Unterthanen war wie es scheint, nicht so groß und allgemein, als man uns von mancher Seite glauben machen möchte. Denn sonst würden die Klagen hierüber in den verhältnismäßig sehr wenigen Bauern= beschwerden, die auf uns gekommen sind, nicht immer wieder= kehren. Dahin gehört auch, daß auf die unverschuldete Not keine Rücksicht genommen wurde, wenn Naturereignisse, wie Hagelschlag oder Mißwachs, den Landmann um die Ernte brachten und er den= noch Zins und Gülten in vollem Umfang zu zahlen angehalten wurde. Wenn durch Ungewitter, durch Wasser oder Feuer ein armer Mann seine Früchte verliert — schreiben die Gemeinden Oepfingen und Griesingen[1] über ihren Junker Ludwig von Freiberg — so besteht doch der Lehensherr darauf, daß ihm die Gülten gegeben werden; da sollte doch „der Lehenherr umb die Gült komen sein, als wohl als (so gut als) der arm Mann umb sein Frucht." Auch die von Langenschemmern[2] meinen, wenn Feuer, Wasser oder Hagel Schaden bringen, „so soll es dem Lehenherrn als wohl geschehen sein, als uns." Derselben Ansicht war die Gemeinde Brunnen: „Wenn der Hagel schlägt, daß er soll dem Herrn als wohl schlagen als den andern." Man kann es nicht billig nennen, wenn die Gemeinde Thannheim[3] dem Kloster Ochsenhausen Gülten und Zins im vollen Betrag für Aecker und Wiesen zahlen mußte, welche die Iller weggerissen hatte.

Große Mißbräuche schlichen sich auch ein durch neue Steuern, die man den Unterthanen auferlegte. In den Abgaben und Lei= stungen, welche die Herrschaften empfingen, lag schon eine Ver= gütung für Schutz und Schirm, die sie auch in Kriegsläuften ihren armen Leuten zu gewähren hatten. Dennoch kam noch mit der Zeit eine eigene Kriegs= oder Reissteuer auf, mit der allerlei Unfug getrieben wurde. Es genügen einige Beispiele. Die Baustetter mußten diese Steuern bezahlen, gleichviel ob ein Landeskrieg ausgebrochen war oder nicht. Die Unterthanen des Klosters Kempten[4] beklagen sich nicht darüber, daß sie Reisgeld

---

[1] Korresp. d. U. Arzt Nr. 889.
[2] Ebd. Nr. 888.
[3] Ebd. Nr. 891.
[4] Baumann, Akten S. 70.

zahlen müssen, so oft ihr Abt dem Reiche oder dem schwäbischen Bund im offenen Kriege Hilfe thut, sondern darüber, daß „viel mehr von uns deshalb erfordert und genommen wird", als das Gotteshaus dafür ausgibt. Als ein eklatantes Beispiel, wie manche Herren mit ihren Leuten umgingen, sei noch die Schilde= rung hergesetzt, welche die Gemeinde Rottenacker[1]) von dem Ver= fahren ihres Grundherrn, des Abtes von Blaubeuren, entwirft. Es „hat ein Hube geben vier Pfund Zins oder Heugeld; jetzt so hat man uns dreißig Schilling darauf geschlagen und uns dabei zugesagt; wir dürfen weder reisen (Kriegsdienste thun) noch dienen. Wir müssen aber jetzt die dreißig Schilling geben und darzu reisen und dienen". „So hat es sich begeben in Jahresfrist, daß uns unser Herr, der Abt von Blaubeuren, hat zuentboten, wir sollen zwen bestellen, die sollen warten auf den Krieg. Wir haben (ge)than als die gehorsamen und zwen bestellt und jedwedem geben ein Gulden, wie ein Zeitlang der Brauch ist gewesen, doch nit lang. Nun bald darnach ist unser Herr eines andern zu Rath worden, ehe dann in acht Tagen, und uns sein(en) Schreiber zugeschickt, er woll die Leut nit, sie sollen ihm schicken drei Gulden. Do das ist kumen für ein Gemeind, hat es sie unbillig gedünkt und ihrem Herrn zugeschickt und ihn freundlich lassen bitten, er soll darvon stan (abstehen) und soll annehmen die zwen, die sie ihm bestellt haben; wann (denn) sie haben ihnen geben zwen Gulden, und müßten sie ihm jetzt drei geben, so wären die zwen verloren, die sie den zway bestellten hätten geben. Darzu so wär ein Gemeind arm und hätt jetzt zumal nit Geld; es wär auch vor(her) solches in ihrem Dorf nie erhört worden. Aber da war kein Gnad: er wollt haben dry Gulden. Und do wir uns also hand (haben) gewehrt der dry Gulden, ward er über uns erzürnt, und darnach wollt er nit minder dan (als) fünf Gulden. Und wollten wir mit Fried mit ihm sein, haben wir ihm müssen fünf Gulden geben, das doch von Niemand er= hört ist. Und do wir ihm die fünf Gulden geben (haben), hat er uns treulos Lyt (Leut) gescholten, darob ein Dorf nit ein kleine Beschwerd hat, wann (denn) wir haben alweg thon (gethan) als die gehorsamen und wolltens noch gern thuen, wenn man uns ließ (e) bleiben bei zymlichen Dingen." Dieser an sich unbedeutende Vorfall wirft mit allen seinen Einzelheiten ein helles Licht auf das ganze Verhältnis zwischen Grundherren und Grundholden: boshafte Willkürlichkeit, Mangel an Billigkeitsgefühl und Gewalt-thätigkeit auf der einen Seite, auf der andern erzwungenes Sich-Fügen und Nachgeben um des Friedens willen und um noch Schlimmeres abzuwenden.

Rechtlos waren die Hörigen allerdings nicht, aber sie kamen vielfach nicht zu ihrem Recht, indem die Herren sich nicht um das, was Rechtens war, kümmerten oder sogar mit Gewaltmaßregeln vorgingen, die wider Gesetz und Herkommen stritten. Das konnte nur in einer Zeit geschehen, wo die öffent-liche Rechtspflege, das gesamte Gerichtswesen sich im kläg-lichsten Zustand, in der größten Unordnung befand. Durch das römische Recht wurde das deutsche verdrängt: das „alte einseitig Recht durch fremde Recht verdruckt". Die Advokaten haßte der arme Mann nicht mit Unrecht als Rechtsbieger, Beutel-schneider und Blutsauger, welche wahrhaft erfinderisch waren neue Lasten auszuklügeln und mit Spitzfindigkeiten das klare Recht in sein Gegenteil zu verkehren. Es widersprach z. B. dem Recht, daß ein Grundherr die Verlassenschaft eines Hörigen an sich zog, so lange noch Verwandte desselben lebten, denen es zustand den Verstorbenen zu beerben. Dennoch schlich sich dieser Miß-brauch auch in Deutschland ein. Von Böhmen wissen wir genau, daß dies dort schon Ende des 14. Jahrhunderts so in Uebung war, daß sich der Erzbischof Johann von Prag dagegen einzuschreiten veranlaßt sah. In einem Erlaß schreibt er, schon seit längerer Zeit habe er erfahren, daß auf den Kirchengütern eine heidnische Gewohnheit herrsche. Man gestatte nämlich nicht, daß die Zinsbauern, die doch frei seien, wenn sie kinderlos sterben, ihre beweglichen und unbeweglichen Güter und Rechte an ihre Verwandten vererben, sondern die Kirche (d. h. die geist-lichen Herren) zöge alles ein, ohne irgend eine testamentarische Verfügung oder ein Erbrecht anzuerkennen. Dies streite aber gegen das göttliche, menschliche und canonische Recht. Es wird ausdrücklich berichtet, daß diese edelsinnige Verfügung wirkungslos geblieben ist.[1]) Die Kemptener Gotteshausleute bezeichnen in ihrem siebenten Artikel[2]) diese Erbschaftsentziehung als ein schon seit längerer Zeit von mehreren ihrer Prälaten geübtes ungerechtes Verfahren. „Nämlich wann ein ledige Person, dem Gotteshaus verwandt, abgestorben ist, weder Vater noch Mutter hinter ihr verlassen, so hat in solchem Fall ein Prälat der abgestorbnen Personen verlassen Gut gar genomen, weder Brüdern noch ihr verlassen Schwestern oder derselbig Kinden von gefallner und gebührlicher Erbschaft nichts geben". Der Abt konnte in seiner „Verantwortung" die Thatsache nicht in Abrede stellen, sondern berief sich auch hierin auf den „langwierigen, ruhigen Gebrauch und Inhaben". Aehnliche Erfahrungen muß auch die Brigthaler[3]) Bauernschaft gemacht haben, denn sie fordert, daß ihr Herr keinen erben soll, der noch Verwandte hat.

Eine schlechte Rechtspflege zeigt sich in willkürlicher Verhaftung, in willkürlichen hohen Strafen, in einem ungeordneten willkürlichen Rechtsgang und darin, daß einer seinem ordentlichen Richter entzogen wird. Bedenkt man, daß die Nachrichten, in denen der Bauernstand seine Lage schildert, nichts weniger als zahlreich sind, und daß sich gerade in diesem Punkt viele Klagen vorfinden, so darf man wohl den Schluß ziehen, daß wir es nicht blos mit vereinzelten Erfahrungen zu thun haben. Wir unterlassen es dabei, schon jetzt z. B. auf das tyrannische Regiment eines Herzogs Ulrich von Würtemberg einzugehen. Die Rappersweiler[4]) z. B. beklagen sich, daß man ohne geordnete Gerichtsverhandlung und ohne Urtheil ein Vergehen mit Gefängnißstrafe ahnde. „Ob sich Einer (oder mehr) übersehe und handelte, darumb er gefänglich angenomen werden möcht, derselbig oder dieselbig, sofer sie das Recht anrufen und desselbig haben zu vertrösten, dieselbigen dabey gehandthabt und in kein Gefängniß geführt werden: und was zu Recht von einem ehrsamen Gericht erkant wird, dabey soll es bleiben". Die Neckarthaler

[1]) Zöllner, z. Vorgeschichte des Bauernkrieges S. 23.
[2]) Baumann, Akten S. 63.
[3]) Ebd. S. 97.
[4]) Korresp. d. U. Arzt Nr. 895 zu vergleichen ebda Nr. 55 Art. 11. Nr. 880. 882, Artikel S. 883 Art. 7 und 12.

2*

und Odenwälder Bauern[1]) sehen sich veranlaßt zu verlangen, „daß ein Jeder mit Recht umb sein Verschulden gestraft werden soll, wie von Alter herkomen!" Am schlimmsten benahmen sich auch in dieser Beziehung die kleinen Gewalthaber gegen ihre Unterthanen; in empörender Weise setzten sie sich über Gesetz und Recht hinweg und mißhandelten schamlos die Leute, die ein unglückliches Loos zu ihren Hörigen gemacht hatte. Ein solcher Herr muß der schon genannte Ludwig von Freiberg gewesen sein; von ihm berichten zwei ihm zugehörige Bauerngemeinden:[2]) „Es sind etlich Lut (Leute) von dem ihren gedrungen worden, das ihr eigen ist und recht und redlich und theuer erkauft haben, und daß sie das nit können noch dürfen genießen noch brauchen nach ihrem Nutz und Notdurst; und sind um das ihre türnt und plett (in den Thurm geworfen und in den Block gelegt) worden, das Gott erbarm. Und haben die Wahrheit nit dürfen reden und das Recht nit (be)gehren, damit und daburch wir Armlent worden sind. Und ist also die Meinung: dem Armen auch Recht soll gon (soll der Rechtsweg offen stehen) und die Obrigkeit kein Gewalt brauchen. Item es ist aber gewesen und ist noch: wann ein Armmann (armer Mann) Recht begehrt hat, so hat der Edelmann den Armen beim Koller genommen und gesagt: Ich will dir Recht thun, und hat ihn in einen Turm gelegt. Das hat der Arme müssen leiden, so (auch) wenn) ihm dreifältig Unrecht geschah". Aehnliche heillose Zustände waren auch im Gebiet des Kemptener Abtes seit geraumer Zeit („von vil abgestorbnen Prälaten, Ambtleuten") an der Tages= ordnung. Diese geistlichen Herren entblödeten sich nicht „ohne vernünftige, rechtmäßige Ursachen" freie Zinser so lange in den Turm zu sperren, in Stock und Block zu legen, bis die gequälten Opfer sich dazu verstanden durch Verschreibung auf ihre Freiheit zu verzichten. Bei einem solchen System kann es nicht wunder= nehmen, wenn auch die Strafrechtspflege sich haarsträubende Un= gerechtigkeiten zu Schulden kommen ließ, wenn „mancher fromme Bidermann aus großem Neid und Haß ohn all vernünftig und

[1]) Lechsle, Gesch. d. Bauernkriegs S. 374.
[2]) Korresp. d. U. Arzt Nr. 889.

rechtmäßig Ursachen gefänglich angenommen und ihm in derselbigen seine Glieder errissen worden". Ohne zwingende Gründe konnten sicherlich diese „armen Leute" solche Aussagen nicht machen und um eine geordnete Untersuchung und gesetzliches Urteil bitten: „Wann sich auch der Fall begeben, daß des Gotteshauses Kempten Unterthon (en) mit einem oder mehr Malefizhandel oder Händel verargwohnt oder verleumbet würden, ist unser unterthänig, demüthig Bitt und Begehren, derselbigen verleumbeten Personen Nachbarn zu fragen und an (von) denselbigen vormals fleißig zu erfahren, was Wandels, Sitten und Wesen die verleumbete Person ihr Leben lang von Jugend auf gewesen sei, damit kein arm Mann unbeschuldet (ohne Schuld) größer und mehrer verleumbet und mit harter Gefängniß seine Glieder errissen und erbrochen werden".

Der Zweifel daran, ob diese Anschuldigungen, ja Anklagen auf Wahrheit beruhen, wird durch den Umstand widerlegt, daß der Abt in seiner „Verantwortung" nicht einmal den Versuch wagte, diese Vorwürfe zu beschönigen und in ein besseres Licht zu setzen, sondern mit vielsagendem Stillschweigen darüber hinwegging. Die Art, wie diese Dinge berichtet werden, schließt aber auch die Annahme aus, daß es sich blos um Ausnahmsfälle handele: es sind vielmehr mißbräuchliche Zustände, welche die Zeit und das ganze Rechts= und Gerichtswesen überhaupt charakterisiren. Denn sogar die Einrichtungen des Kaisers Maximilian I., das Kammergericht und Anderes, an sich gut gemeint, schufen nur geringen Wandel. Dazu hätte es anderer Kräfte und Anstrengungen bedurft. Der arme Mann blieb gegen den Reichen und Mächtigen rechtlos; und deshalb ist die Klage über parteiische Rechtspflege allgemein [1]). „Das edel Recht ist worden krank, dem Armen kurz, dem Reichen lang" lautete ein hergebrachtes Sprichwort, das damals in aller Munde war. Die allgemein herrschende Unordnung, den Mangel eines stärkern Armes der Gerechtigkeit hatten am allermeisten die unteren Bevölkerungsklassen zu spüren, und unter ihnen nahm die bäuerliche Bevölkerung den weitesten Raum ein.

Eine dritte bedeutsame Frage, um von der Lage einer

---

[1]) Bezold, in Sybel's hist. Zeitschrift Band 41, S. 21.

Bevölkerungsklasse ein den Thatsachen entsprechendes Bild zu entwerfen, ist die finanzielle. Wie war in dieser Beziehung der Bauernstand in den letzten dem Bauernkrieg vorausgehenden hundert Jahren gelagert? War der Ertrag der ländlichen Arbeit lohnend und zufriedenstellend, so daß sich derselbe im Einklang mit dem Ertrag der bürgerlichen, oder sagen wir, städtischen Arbeit befand oder nicht? Sah sich der Bauernstand in Folge dessen in einer materiellen Lage, die von derjenigen der übrigen Stände nicht allzusehr abstach oder war das Gegenteil der Fall? Es ist klar, daß diese wichtigen Fragen sehr schwer zu beantworten sind, wenn es sich um eine Bevölkerungsklasse handelt, die auf einem so ausgedehnten Raume, unter verschiedenartigen Besitz= und Bodenverhältnissen lebt, wie die gesamte deutsche Bauern= schaft; zudem haben sich auch in dieser Hinsicht bestimmte und unzweifelhafte Nachrichten nur in spärlicher Anzahl erhalten.

In dem Buch „von den Früchten" [1]) wird der Rheingau als ein äußerst fruchtbarer und bevölkerter Landstrich geschildert: „Wenn man sehen will, was der Reichtum des Bodens und der Fleiß der Menschen zu wege bringt, muß man dies Land sehen. Da ist Armut wenig zu finden bei solchen, die da wollen arbeiten." Der Minorit Bartholomäus stimmt in dieses Lob strotzender Fruchtbarkeit der Rheingegend ein. Im Wander= büchlein des fahrenden Schülers Johannes Butzbach finden sich ähnliche Stellen. Auch er preist das reichgesegnete Land am Rhein und das Volk, das „hier tapfer und wohlhabend" ist. „Ich kannte — erzählt er — dort einen Bauersmann, der in einem einzigen Jahr aus seinen Kirschen allein auf dem Markte zu Mainz dreißig Gulden gelöst hat." Kantzow schildert die reiche Ergiebigkeit des pommerischen Landes an Getreide aller Art. Nur der zwanzigste Teil werde im Land selbst verbraucht, der Ueberfluß nach Schottland, Seeland, Holland, Schweden und Norwegen ausgeführt. Indessen lassen gerade diese günstigen Schilderungen erkennen, daß die in Frage stehenden Gegenden sich der besten Verkehrswege, wie Fluß und Meer, erfreuten, eine vorteilhafte Situation, welche mehr als die Ausnahme denn die

---

[1]) erschienen Mainz 1498. Janssen I, 310.

Regel anzunehmen ist. Diese bestand vielmehr darin, daß die Bodenprodukte wie die vom Bauern gezüchteten Tiere keinen leichten und einträglichen Absatz hatten, weil lohnende Absatzgebiete, wie z. B. größere Städte sind, weitab lagen und nicht zu erreichen waren. Dazu kam noch, daß die wirtschaftliche Arbeit damals einen weit größeren Teil des deutschen Volkes als heutzutage beschäftigte: nicht blos die ganze Masse der Landbevölkerung ernährte sich von diesem Geschäfte, sondern auch ein sehr beträchtlicher Prozentsatz der städtischen. Dadurch wurden Feldfrüchte und Schlachtvieh in großen Massen, also mehr als notwendig war, erzeugt; woraus folgte, daß die Preise gedrückt und niedrig sein mußten. Rechnerisch genau kann hiefür allerdings der Nachweis nicht geführt werden, weil Buchführungen über den landwirtschaftlichen Betrieb und seinen Erfolg nicht auf uns gekommen sind, d. h. weil aller Wahrscheinlichkeit nach überhaupt in jener Zeit kein Bauersmann zu finden war, der sich in dieser Weise Rechenschaft von seinem Besitz und Erwerb gegeben hätte. Was wir wissen, beschränkt sich zumeist auf zufällige Notizen, so z. B. in den Chroniken deutscher Bürger. Der Augsburger Chronist Burkard Zink hat eine Preisliste von einem besonders wohlfeilen Jahr (1419) hinterlassen, in welcher er unter anderm sagt, daß ein Schaff Korn 10 Groß, ein Schaff Roggen 1 Pfund dn., ein Metzen Erbsen 16 dn., 1 Pfund Schmalz 4 dn. gekostet habe.[1] Derselbe Schriftsteller berichtet aber auch

---

[1] Chroniken deutscher Städte V, 147 und 130, zu vergl. S. 437. Wir setzen der Uebersicht halber die Liste her und fügen dem damaligen Geld zur Erklärung den heutigen Wert desselben bei:

Ein Schaff Roggen galt	1 ℔. dn.	= 2,35 ℳ	heutiger Wert in Silber.
Ein Schaff Korn	10 Groß	= 3 ℳ	„ „ „
Ein Schaff Haber	15 Sch. dn.	= 1,75 ℳ	„ „ „
Ein Metzen Erbsen	16 dn.	= 0,62 ℳ	„ „ „
Ein Pfund Fleisch	1 dn.	= 3½ Pfennige	„ „ „
6 bis 7 Eier	1 dn.	= 3½ „	„ „ „
Eine Maas Wein	1½ dn.	= 5½ „	„ „ „
Guter Frankenwein	2—3 dn.	= 8—11 „	„ „ „
Elsäßer Wein	4 dn.	= 15 „	„ „ „
Welschwein (ital. Wein)	6—8 dn.	= 20—25 „	„ „ „
Ein Pfund Schmalz	4 dn.	= 12 „	„ „ „
Eine Fuhre Holz	9—12 Sch.	= 1—1,40 ℳ	„ „ „

von einem teuren Jahre, dem Jahr 1465;[1] damals habe das Schaff Korn in Augsburg 5 Pfund dn., das Schaff Roggen 4 Pfund dn., ein Metzen Erbsen 6 Groß (etwa 45—50 dn.), ein Pfund Schmalz 10 dn. gekostet. Er fügt hinzu: „alle Ding (waren) den dritten dn. (Pfennig) teurer als vor, Wein war wohlfeil." Vergleichen wir die Preise beider Jahre, so war das Getreide in der teuren Zeit etwa drei- bis viermal so hoch im Preise. Es ist bekannt, daß gerade die Kornpreise den stärksten Schwankungen unterlagen; und wir dürfen annehmen, daß die angeführten hohen Preise den höchsten Punkt bezeichneten, den die Lebensmittel selbst in teuren Zeiten erreichten. Denn es fehlte viel, daß solche Zeiten der Landwirt nach seinem Belieben hätte ausnützen können. Im Gegenteil hielten sich die Obrig= keiten in diesem Falle für berechtigt, ja verpflichtet, die Preise polizeilich festzusetzen. Gerade die eben angeführte Preisliste enthält die vom Rat der Stadt Augsburg durch Verordnung bestimmte Taxe. Das gleiche that der Nürnberger Rat z. B. im Kriege gegen den Markgrafen. Wer um höheren Preis verkaufte, der mußte den Ueberschuß und 30 dn. vom Metzen als Strafe zahlen. Man wird daher nicht fehlgreifen, wenn man annimmt, daß die bäuerliche Arbeit nur in seltenen Fällen zu reichlichem Vermögen führte, dagegen wohl hinreichte einem Manne mit seiner Familie sein Auskommen zu verschaffen, so lange keine störenden Zwischenfälle eintraten und das Gut nicht viele Dienst= boten erforderte, denn die Löhne der „Ehehalten" waren sehr hoch. So bezog[2] in Mosbach im Jahre 1483 eine Viehmagd einen jährlichen Lohn von dreizehn Gulden sechsunddreißig Kreuzer, ein Oberknecht 23 Gulden und ein Kleidungsstück, ein Karren= knecht 19 Gulden außerdem „Schuh gnug, vier Eln rüstins Tuchs und sechs Ellen Zwilichs." Von einem sächsischen Schloß wird berichtet, daß ein Wagenknecht jährlich neun Gulden, der Esel= treiber sieben Gulden und vier Groschen, die Viehmägde drei Gulden und zwölf bis achtzehn Groschen erhielten.[3] Rechnet man dagegen, daß ein fetter Ochs drei bis vier Gulden, vier Schafe

---

[1] Ebd. S. 256.
[2] Janssen I, 312.
[3] Ebda.

zusammen nur einen einzigen Gulden kosteten, so ist ersichtlich, wie überaus teuer die Arbeitslöhne zu stehen kamen und in welchem Grade sie den Ertrag der landwirtschaftlichen Einnahme schmälerten. Diese an sich auffallende Erscheinung findet ihre Erklärung darin, daß, wie schon angeführt wurde, die Guts-herrschaften ihren Boden in möglichst viele, wenn auch kleine Parzellen aufteilten und diese an Zinser und Pächter vergaben. Es kam dadurch wie in unsern Tagen auf dem Gebiet des Handwerkes durch die Einführung der Gewerbefreiheit: Alles benützte die Möglichkeit sich selbstständig zu machen. Statt in den Dienst anderer zu treten, zog auch der Aermste den Versuch vor, auf eigene Rechnung zu wirtschaften. Ob dadurch der Einzelne besser fahre, fragte man sich nicht und ist auch hier nicht zu untersuchen. Allein auf diese Weise wurde das Angebot der Arbeitskräfte in bedeutendem Maße vermindert und wer Hand-arbeiter brauchte, mußte sie mit hohen Preisen bezahlen.

Eine andere Verteuerung des landwirtschaftlichen Betriebes, die man nicht aus den Augen lassen darf, lag in der damaligen Kapitalwirtschaft. Ohne fremdes Geld kam in den meisten Fällen der Bauer nicht aus: zum Ankauf von Samengetreide für den Acker, von Vieh für den Stall, von Gerätschaften für die Arbeit brauchte er es. Diese Anlehen, deren Rückzahlung von der guten Ernte abhingen, wurden nur gegen Zinsen gewährt und diese letzteren waren bis ins Maßlose gestiegen. Wenn man die geradezu haarsträubenden Zustände der mittelalterlichen Geldwirtschaft kennen lernt, begreift man, wie Luther und andere, Zinsnehmen und Wuchern als eine Gottlosigkeit verdammten. „Mit Geld wuchern, sagt Geiler von Kaisersberg, heißt nicht arbeiten, sondern andere schinden in Müßiggang." Der Zinsfuß überstieg alle Schranken. Man liest nicht blos von 30 Prozent, von 40 und 50 Prozent, sondern der gesetzliche Zinsfuß stieg in Regensburg, Augsburg, Wien und anderwärts nicht selten sogar über 80 Prozent ($86^2/_3$ %)[1]. Man kann leicht ermessen, welche Zinsen der gemeine Mann unter solchen Umständen für seine Darlehen, die er meist von Juden empfing, zu zahlen hatte.

---

[1] Stobbe, die Juden in Teutschland bei Janssen I, 382 f.

„Das ist ein Rauben und Schinden des armen Mannes durch die Juden, schreib Schenk Erasmus zu Erpach 1487,[1]) daß es gar nicht mer zu liden ist und Gott erbarm. Die Juden-Wucherer setzen sich fest bis in den kleinsten Dorfen und wenn sie fünf Gulden borgen, nemen sie sechsfach Pfand und nehmen Zinsen von Zinsen, daß der arm Man komt um Alles, was er hat."

Uebrigens ließen sich nicht blos die Juden diese Wucher-„Schinderei" zu Schulden kommen, es mangelten auch unter den Christen ihre Gesinnungsgenossen nicht. Der Reichstagsabschied von Augsburg (1500) bezeugt dies und hebt Namens von Kaiser und Reich die Rechtsverbindlichkeit wucherischer Geschäfte und Verträge auf. Artikel XXXII[2]) lautet: „Nachdem auch durch wucherliche und andere gefährliche unziemliche Contract, so dieser Zeit Christen und Juden üben, Landen und Leuten merklicher Schaden zugefügt wird, ordnen wir . . . ., daß sie (die Reichs-stände) solche wucherliche und gefährliche Contract in ihrem Landen allenthalben bey ziemlichen Poenen ernstlich verbieten und wehren", daß sie diese Verträge „für kraftlos und unbündig er-kennen" und denselben keine „Vollnziehung" thun. Bevor es zu diesen, wahrscheinlich wirkungslosen Maßnahmen kam, war längst unendlicher Schaden angerichtet worden. Der grimmige Haß gegen die Juden, der mehrfach die Bauern zu blutigen Thaten geführt hat, wird durch diese Sachlage zur Genüge erklärt.

Noch von einer andern Seite her gereichte das Kapital der Landwirtschaft zum Nachteil, nicht zwar durch Verteurung des Betriebs, aber durch Beschränkung des Ertrages. Die Handels-gesellschaften, die während des ganzen fünfzehnten Jahrhunderts den Markt nach jeder Richtung beherrschten, waren durch ihre bedeutenden Geldmittel im Stande irgend welche Produkte gänz-lich aufzukaufen und mit Ausschluß jeder Concurrenz die Preise festzusetzen. Hartnäckige Producenten konnten sie ohne Mühe unschädlich machen, ja ruiniren. Zunächst wurden sie nur ge-gründet für die „fremden, eingebrachten Waaren" d. h. die Colo-

---

[1]) Ebd. S. 383.
[2]) Senkenberg l. Bd., 2. T., S. 81.

nialartikel, insbesondere Gewürze; aber bald zogen sie doch auch die inländischen Erzeugnisse der Landwirtschaft, Wein und Getreide, in den Bereich ihres Handels, indem sie nicht erst nach der Ernte, sondern schon im Sommer kauften — der sichere Ruin für den bäuerlichen Wohlstand. „Sie ziehen nit allein den gar entbehrlichen Blunder an fremden Waaren, sunder auch was zum Leben not, als Korn, Fleisch, Weyn und sunstiges in ir Monopolium und schrauben die Preise nach irer Geltgir und Geitzigkeit und neren sich mit der sauren Arbeit der Armen."[1] „Die Blutsauger, Korn- und Weinauffkäufer schädigen die ganze Gemeinde; man solt uffziehen sie zu vertreiben als die Wölff." Auf Territoriallandtagen und Reichstagen wurde gegen diese Gesellschaften losgezogen und Abhülfe gesucht. Auf dem vereinigten Reichstage zu Trier und Köln (1512) gelang es das Monopolisiren und Fürkaufen der Handelsgesellschaften strengstes zu verbieten.[2] Allein dieses Verbot kam sehr spät, um nicht zu sagen, zu spät; das lehrt schon die eine Thatsache, daß die Handelsgesellschaften schon im 14. Jahrhundert entstanden waren.[3] Der Schaden, den sie bis zu diesem Zeitpunkte mittelbar und unmittelbar auch der Landwirtschaft und dem Bauernstande zugefügt haben, läßt sich nicht berechnen.

Sehen wir auch davon ab, was übrigens auf die materielle Seite der Landwirtschaft von ganz bedeutendem Einfluß ist, daß keine andere menschliche Thätigkeit so sehr allerlei unvermuteten und von Menschen unabwendbaren Heimsuchungen ausgesetzt ist, wie der Ackerbau, daß Mißwachs, Hagelschlag und Viehseuchen empfindliche Schädigungen herbeiführen und daß jene Zeiten diese Schläge noch nicht durch gegenseitige Hilfe und Versicherungen zu mildern verstanden, so muß doch noch auf einen Uebelstand hingewiesen werden, welcher gerade für die Bevölkerung des offenen Landes zur schwersten Last wurde. Das Fehde-

---

[1] Geiler von Kaisersberg bei Janssen I. 391. Vgl. Falke, Gesch. des deutschen Handels I, 128, II, 69. und Kludhohn in „historische Aufsätze dem Andenken an G. Waitz gewidmet", S. 666 ff.

[2] Senkenberg a. a. O. S. 144. Vgl. §. 27 des Reichstagsabschied von Nürnberg (1524), ebb. S. 257. Vgl. Kludhohn a. a. O.

[3] Falke a. a. O. I, 217.

unwesen gedieh im fünfzehnten Jahrhundert zu entsetzlicher Blüte. Der Bauernstand aber hatte darunter am meisten zu leiden, denn er mußte in diesen heillosen Plünderungs= uub Morbbrenner= kriegen die Zeche der streitenden Herren bezahlen. Man fand das ganz in der Ordnung. Der Bauer mit seiner Habe galt dem Feind als vogelfrei; den Gegner zu schädigen, brannte man dem Bauern Haus, Scheune uub Stall nieder, raubte sein Vieh und zerstörte ihm die Frucht, die ihm nach harter Arbeit und reichlichem Schweiß auf seinem Acker gewachsen war, zu ge= schweigen von den noch größeren Greueln, die man an ihm und den Seinen verübte. Es genügt einige Beispiele anzuführen. In der Fehde des Kurfürsten Friedrich von der Pfalz mit Graf Ulrich von Würtemberg, Markgraf Karl von Baden, Bischof Ge= org von Metz und andern wurden die Feindseligkeiten mit der Verbrennung pfälzischer Dörfer eröffnet. „Do sach wir (jahen wir) unsere Feint — schreibt Friederich selbst[1] — (ver)brennen Dörfer bei Heidelberg." Wie die Einbrecher selbst rühmten, wollten sie die um das Schloß gelegenen Weinberge aushauen, nachdem sie bereits die Spuren ihres Heereszuges durch grenliche Verwüstungen hinreichend bezeichnet hatten. Ihren bösen Willen vollständig auszuführen, gelang ihnen aber nicht, denn der Pfalz= graf besiegte sie am 30. Juni 1462 bei Seckenheim, nahm sie gefangen und gab ihnen durch ein berühmtes Mahl auf dem Heidelberger Schloß eine eindringliche Lektion für ihre Ver= wüstungen.[2] — Die Stadt Köln erhielt innerhalb einiger 30 Jahre 700 Fehdebriefe, von denen sie einen ansehnlichen Teil

[1] Deutsche Städtechroniken X, 270. Vgl. Liliencron, hist. Volks= lieder I Nr. 112—115.

[2] Gustav Schwab schildert in seinem „Mahl zu Heidelberg" diesen Vorfall mit lebhaften Farben. Der Kurfürst ließ den Gefangenen die aus= gesuchtesten Speisen vorsetzen, nur das Brot fehlte. Und als Ulrich von Würtemberg dies begehrte, hieß er ihn ans Fenster treten:

„Da rauchten alle Mühlen
Rings von des Krieges Brand;
Kein Hof ist da zu schauen,
Wo nicht die Scheune dampft;
Von Rosses Huf und Klauen
Ist alles Feld zerstampft."

mit den Waffen austrug.¹) — In dem Kriege, welchen Markgraf Albrecht von Ansbach mit der Stadt Nürnberg 1449—50 führte, wurde über ein Jahr lang weit und breit alles zerstört. „Es waren lauter kleine Raub= und Streifzüge."²) Eine kleine Aus= lese aus dem zeitgenössischen Bericht gibt ein Bild von der da= maligen Art der Kriegsführung und davon, wer den größten Schaden zu tragen hatte. „Am Suntag nach vincula Petri (1449) des Nachts zugen hie aus bei 80 Fußgengel (Fußgänger, Fußsoldaten) und hatten 10 Wagen und zugen in ein Dorf, heißt Lerstetten, uud brannten das Dorf aus und namen, was sie guts in dem Kirchhof funden, uud brachten ein großen Raub. Und auf dieselbe Zeit branten ander(e) unser Fußgengel etlich Dörfer ab bei dem Kamerstein." Am Lorenzi Abend (9. Auguft) zogen von Nürnberg wieder 600 Trabanten aus „und brenten am Montag viel Dörfer und etlich Herrenhäuser herein gegen der Stadt und brochten ein großen Raub Küe, Schwein, Schaaf und viel Wagen mit allerlei geladen." Am 17. Auguft zogen Reifige aus und „branten am Montag frühe ab den Markt Schnaittach unter dem Rottenberg und sünft etwa viel Dörfer." „In der Zeit branten unser Feind unser armen Leut Häufer und Städel ab allenthalben, wo sie die hetten, wiewol sie vor= mals mit ihn(en) abgeteidingt hetten; das half sie als nit. Auch hackten sie unfern Bauern ihre Hölzer ab und führten das Holz auf ihre Güter, daß sie meinten, wenn Fried würd, daß sie ihre Güter damit bauten; auch brachen sie ihnen ihre Häuser und Städel ab an etlichen Enden und führten das Zimer (Zimmer= holz) auf ihre Güter, auch hackten sie den unfern ihr(e) Baum ab an etlichen Enden, wo sie die hetten, und gruben ihnen auch die Baum aus. Solcher unziemlicher Sach begunnen sie gar viel." Gleiche Greuel meldet der Kriegsbericht faft auf jeder Seite ohne Ende. Auch anderwärts ging es ebenfo. Burkard Ziuk³) erzählt uns ganz ähnliches aus dem Reichskrieg von 1462. Herzog Ludwig von Bayern fiel mit 8000 Mann in die Reische= nau und das Zufamthal und „brannten überall und nahmen,

¹) Fifcher A., deutfches Leben S. 127.
²) Chroniken deutfch. Städte II, 95. 156. 157. 200.
³) Chroniken deutfch. St. V, 265.

was sie funden, Roß, Kühe und ander Ding." Andererseits
fielen dessen Feinde wieder in das Bayerische ein, „gewunnen
Offingen und Scherneck, die zwai Schloß, und verbranten die
und zugen fürbaß in das Land und verbranten 21 Dörfer und
nahmen Alles, das sie funden, Roß, Kühe u. s. w und anders, es
waren bei 400 Hauptkühe und 300 Roß und bei 600 Hauptsäu,
Schaaf und Geis, und brachten 95 gefangen, eitel Bauren und
ein Edelmann selbander." Selbst der Friedensschluß brachte dem
Bauernvolk noch keine Ruhe. „Item[1]) als der Frid nun ange=
gangen war überall zu Bairn und Schwaben, da wollten die
von Wertingen auch so thun als ander Leut [und ihr Korn ab=
schneiden, dann es zeitig war. Da schickt Herzog Ludwig zu
ihnen und begehrt an sie, daß sie ihm sollten schwören als ander(e)
sein Eigenleut, dann er wollt es haben, oder sie sollten das Korn
nit anrühren und also stan lassen. Das die von Wertingen aber
nit thun wollten, sondern das an ihr Herrn von Augsburg bringen
und ihrs Rats darin pflegen. Also was das Korn ein Theil
abgeschnitten und lag uf den Aeckern. Da ward ihnen geboten,
daß sie das Korn mueßten liegen lan uf den Aeckern und getorsten
das nit aufheben und niendert (nirgends) hinführen, und das
Korn, das noch stund, das getorsten sie nit abschneiden, wiewol
es ein steter Fried sein. Darzu so hand (haben) sie auch Fried
gekauft und sind bennocht ganz und gar verbrennt worden. Das
ist ein elend Ding: den von Wertingen geschieht sicher gar
unrecht."

Von solchen greulichen Händeln ist das ganze 15. Jahr=
hundert erfüllt. Als um die Wende des Jahrhunderts auf An=
bringen der Fürsten der Kaiser das Fehbrecht gänzlich aufhob
und einen allgemeinen Landfrieden aufrichtete, da wurde es frei=
lich besser: aber es fehlte doch viel, daß mit einem Schlag das
Uebel beseitigt worden wäre. Man darf nur ein wenig in der
Selbstbiographie des ungeschlachten Ritters Goetz von Berlichingen
blättern. Im Jahre 1500 fing er auf dem Kapfenhard bei Heil=
bronn elf reiche würtembergische Bauern und dann in der näm=
lichen Fehde alles, „was würtembergisch war". So diente der

---

[1]) Ebd. S. 286.

Bauer als Faustpfand und Geisel. Oder ritterliche Genossen des Goetz brandschatzten im Landshuter Erbfolgekriege Bauern nach Herzenslust einfach zu dem Zweck, um sich Rheinfall¹) kaufen und zechen zu können. Das Heillose war, daß der Adel dieses Treiben ganz in der Ordnung fand: er war in Rechtsanschauungen befangen, die jeder Beschreibung spotten. „Nun war ich des Sinnes, — schreibt Goetz harmlos — daß ich die Landsart eine Weile gesegnen (wollte) und wollt wieder mein Heil versuchen .... und brannte in einer Nacht an drei Orten, das war Ballenberg, zu Oberndorf und das Schafhaus zu Krautheim." Es ist klar, die bäuerliche Bevölkerung war in diesen Zeiten recht- und schutzlos.

Nimmt man alle diese Umstände zusammen, so kann es nicht wundernehmen, daß die materielle Lage des Bauernstandes sich nicht als eine günstige darstellte. Und trotzdem mangelt es nicht an Zeugnissen, welche von bäuerlicher Wohlhabenheit und Vermöglichkeit zu berichten wissen²). „In Pommern und Rügen — meldet der schon erwähnte Kantzow — sind die Bauern reich. Sie tragen nur englisch und ander gut Gewant, ja so schön, als ehemals der Adel und Bürger gethan haben". Von den Altenburgern wird erzählt, daß sie Mützen von Bärenpelz trugen, Korallenketten mit angehefteten Goldstücken und seidene Bänder. In Westfalen sollen die Adeligen geklagt haben, daß: „Ein Bauer schon mehr geliehen bekommt als zehn von uns zusammen oder thut Kapitalien aus, wie er will". Wimpheling schreibt von den elsässischen Bauern: „Durch Reichtum sind die Bauern in unserer Gegend und in manchen Teilen Deutschlands üppig und übermütig geworden. Ich kenne Bauern, die bei der Hochzeit von Söhnen oder Töchtern oder bei Kindtaufen so viel Aufwand machen, daß man dafür ein Haus und ein Ackergütchen nebst einem kleinen Weinberg kaufen könnte. Sie sind in ihrem Reichtum oft wahrhaft verschwenderisch in Nahrung und Kleidung und trinken kostbare Weine". Auch in Franken schließt man aus verschiedenen Anzeichen auf bäuerliche Wohlhabenheit.

---

¹) Rainfall=Wein von Rivoglio in Istrien. Schmeller=Frommann.
²) Janssen I, 305.

Der Volksprediger Hans Böhm von Niklashausen eiferte nämlich
gegen den Kleiderluxus von seidenen Gewändern und spitzigen
Schuhen und goldenem Halsgeschmeide. Ohne Grund hat er
dies nicht wohl thun können. In einem Volkslied[1]) auf die
Bauern und ihre Verschwendung wird von ihnen gesagt: „Das
Lied, das sei gesungen Den Bauern zu guter Nacht, Sie sind
grob, stolz unnütze, Treiben jetzt die größte Pracht". Ingleichen
wird berichtet, daß es in Franken bei Hochzeiten und Kirchweihen
hoch hergegangen und Speise und Trank nicht gespart worden
sei. Ferner wird die Küche der Bauern öfter gerühmt, „der
Bawerntisch (sei) als der gesundest geschätzet". In dem Büch=
lein von den Früchten heißt es: „Dieweil der Bauer arbeitet
so hat er auch rychliche Nahrung und isset vollauf Fleisch aller
Art und Visch, Brot und Obst, und trinket Wein often im Ueber=
maß, das aber nit zu loben". In einer österreichischen Chronik[2])
wird zum Jahr 1478 erzählt: „Zu den Zeyten hat Nyemant
Gewin gehabt dann die Bauern. Das erkenn man bey dem:
sy tragen nun besser Klayder und trinken bessern Wein, dann
ihre Herren". Die Reichstagsabschiede des ausgehenden Mittel=
alters beschäftigen sich wie mit dem überhand nehmenden Luxus
aller Stände, so auch mit dem des Bauern: ihm wird verboten
Tuch zu tragen, von dem die Elle mehr als einen halben Gulden
kostet; sie sollen auch „keinerley Gold, Silber, Perlen, Sammt,
Seiden, noch gestückelt Claider tragen, noch ihren Weibern noch
Kindern zu tragen gestatten" bei kaiserlicher „Ungnad und Straff"[3]).

Diese Zeugnisse könnten noch durch viele andere vermehrt
werden. Es ist gar nicht zu leugnen, daß der Bauer so gut zu
leben sich angelegen sein ließ, als ihm möglich war, daß er sich
in der Kleidung besser trug als ehedem, daß er bei der Arbeit
sich gut nährte und daß er bei festlichen Gelegenheiten die Aus=
gaben nicht scheute und sich sogar im Genuß übernahm. Allein
dies Alles beweist noch nichts für die Wohlhabenheit des Bauern=

---

[1]) Uhland, alte hoch= und niederdeutsche Volkslieder I, 651—653.

[2]) Unrest in Hahn's Collectio monum. I. S. 652. Unrest ist bauern=
feindlich.

[3]) Reichstagsabschied von Augsburg im Jahre 1500 Artikel 2.

standes und die Glückseligkeit seiner Lage. Die meisten Nachrichten stammen ja von solchen, die nicht selbst Bauern waren, die entweder vom sittlichen Standpunkt aus gegen Hoffahrt und Luxus auftraten oder die mit einem gewissen Neid und Aerger auf den Bauern hinblickten, welcher nun wagte es auch den übrigen Ständen gleichzuthun. Wie im ersteren Falle Einzelerscheinungen verallgemeinert werden, dafür dient uns eine Stelle bei Wimpheling zum Beweise. Oben (S. 31) sprach er vom Reichtum der Bauern im Elsaß und in manchen andern Gegenden Teutschlands. In seiner Schrift über die Buchdruckerkunst rühmt er: „Teutschland war niemals so reich und glänzend als in unsern Tagen". „Auch die Bauern wurden reich". So schlechtweg galt das keineswegs: allein Wimpheling will dieser summarischen Schilderung eine allgemeine beherzigenswerte Ermahnung hinzufügen. „Aber der Reichtum hat auch große Gefahren.... er erzeugt übertriebene Kleiderpracht, Ueppigkeit und Schwelgerei. Diese Uebel zeigen sich in allen Ständen". Wenn nun wirklich der Bauernstand über seine Kräfte hinausging und das Maß, welches andern berechtigt schien, zuweilen überschritt, so legt das viel weniger Zeugnis ab vom wirklich guten Vermögensstand, als vielmehr von Genußsucht, d. h. einem allgemeinen, allen Ständen gemeinsamen Zug jener Tage. Die Lebsucht am Ausgang des Mittelalters war eine ganz andere geworden als früher. In den Städten, besonders den Handelsstädten, war im Laufe der letzten Jahrhunderte Reichtum und Vermögen erworben worden. Der Besitz äußerte auch hier seine natürliche Wirkung: die Zunahme des Luxus in allen Dingen. Das vielleicht übertreibende Wort eines Aeneas Sylvius, in welchem er den Reichtum deutscher Städte preist[1]), ist so bekannt, wie manches andere diese Thatsachen bestätigende Zeugnis. Die Ansprüche an das Leben nahmen aber nicht bloß in den Kreisen zu, wo das täglich wachsende Vermögen dies gestattete, sondern sie gingen auf die

---

[1]) In seiner Schrift de ritu, situ etc. preist er mit hohen Worten Köln und die niederländischen Städte, Speier, Straßburg und Basel, Augsburg und Nürnberg, München und Wien: „offen gestanden, kein Land in Europa hat bessere und freundlichere Städte als Deutschland".

ganze damalige Gesellschaft, auf alle Stände über, obwohl nicht
alle sich des gleichen Besitzzuwachses zu rühmen hatten, wie jene
erwerbenden Bürger. Von den höheren Ständen besaß eigentlich
nur die Geistlichkeit ein hervorragendes Vermögen in Grund
und Boden, an Land und Leuten, an Geld und Kostbarkeiten.
Man hätte nun denken sollen, daß sie durch ihren Beruf sich
hätte verhindern lassen müssen an der sich steigenden Lebsucht,
am Prunk und Luxus Teil zu nehmen. Allein das gerade
Gegenteil ist der Fall. Abgesehen von andern zahllosen Zeug=
nissen wird dies durch dieselben Reichstagsabschiede bestätigt,
welche nicht nur gegen den Luxus der Bürger und Bauern einen
Damm aufwerfen wollten, sondern auch gegen die nämlichen
Sünden des Adels und der Geistlichkeit sich richteten[1]). Die
Vermögensverhältnisse des Adels waren im Ganzen sehr un=
günstig geworden: es ging damit seit langem abwärts und vielen
adeligen Gutsherrschaften wurde es schwer mit ihrem Einkommen
die Ausgaben zu bestreiten. Dies hielt aber diesen Stand durch=
aus nicht davon ab am Wohlleben der Zeit Teil zu nehmen.
Die meisten sahen es — eine häufige Erscheinung sinkender
Größe — für einen Ehrenpunkt an, den andern Ständen in Pracht
und Prunk nichts nachzugeben, obwohl die Einkünfte zur Spar=
samkeit ermahnt hätten. Wer aber aus den Schilderungen adeligen
Wohllebens in Essen und Trinken, in Kleidung und Schmuck
den Schluß ziehen wollte, daß dasselbe den entsprechenden Reich=
tum beweise, der würde in den größten Widerspruch mit den
verbürgten Thatsachen von der allmählichen Verarmung des
Adels geraten. Aus dem nämlichen Grund dürfen auch die
Nachrichten über das bessere Leben der Bauern nicht als ein
unumstößlicher Beweis ihrer Wohlhabenheit angesehen werden:

---

[1]) Solche Verbote enthalten die Reichstagsabschiede von Lindau 1497,
Freiburg 1498, Augsburg 1500 und 1530. Im Augsburger Abschied v. 1500
heißt es unter XXIII Art. 10: „Item sollen alle Erzbischofe, Bischofe und
Prälaten ihre Geistlichen dahin halten und weisen, daß sie sich mit Klei=
dung ehrbarlich und geistlich, wie ihrem Stand wohl anstehet, kleiden und
halten und unziemliche Köstlichkeit abstellen." Senkenberg, Reichstags=
abschiede I. Band.

sie thun nur das Eine zweifellos dar, daß auch die ländliche Bevölkerung vom Strom der Zeit ergriffen und mitgerissen wurde. Zudem sind jene Nachrichten meist zu allgemein gehalten und rühren nicht von unparteiischen Berichterstattern her, die ohne Vorurteil die Verhältnisse geschildert hätten. Mit welcher Verachtung Standeshochmut und vornehmer Dünkel auf den arbeitenden Stand herabschaute, werden wir noch sehen. Ueberblicken wir die geschilderten Verhältnisse der bäuerlichen Bevölkerung in Deutschland, so vermögen wir aus dem auch bei ihnen eingerissenen Wohlleben nicht schon den Schluß zu ziehen, daß sich der Bauernstand in günstiger Vermögenslage befand. Treffend sagt ein Geschichtschreiber des Bauernkriegs[1]) gelegentlich der Schilderung einer fröhlichen Kirchweih', welche fränkische Bauern angeblich halten wollten: „Denn so gedrückt auch der Bauer war, so gab es doch jährlich einen Glanzpunkt in seinem Leben, wo er alle Ersparnisse aufwendete. Dieser war die Kirchweih. Da legte jedes Haus eine ungewohnte Fülle zur Schau, und auch die Nachbarn aus andern Dörfern kamen herbei, um Blutsfreunde und Gevattern zu besuchen. Man ging im geordneten Zug, mit fliegenden Fahnen und Trommeln, in guter Rüstung, den Sackpfeifer und den Pickelhäring an der Spitze. Denn die Franken waren ein fröhliches Volk, und die Waffen gehörten auch bei den Bauern zu dem besten Schmuck. Ebenso lustig ging es auf großen Hochzeiten her, wenn ein begüterter Mann seine Tochter ausstattete. Da schmausten Alle so ausgelassen auf Kosten des jungen Ehepaars, daß sie es oft lange nicht verwinden konnten[2])." Ein altes deutsches Sprichwort bezeugt die hohe Bedeutung, welche man im Volk den Kirchweihen beilegte: „Es ist kein Dörflein so klein, Es wird eins Jahrs einmal Kirchweihe darinnen sein," und Agrikola[3]) fügt dem in seiner Erklärung bei: „Zu den Kirchmessen oder Kirchweihen gehn die Deutschen vier, fünf Dorf-

[1]) Bensen, Gesch. des Bauernkrieges in Ostfranken S. 89.

[2]) Janssen, der I, 306 Bensens Schilderung citirt, unterläßt es geflissentlich diese Bemerkung beizufügen. Uebrigens verhält es sich heute noch so in Franken.

[3]) Siebenhundert und fünfzig deutscher Sprüchwörter Nr. 346, S. 193.

3*

schaften zusammen; es geschieht aber des Jars nur einmal, darumb
ist es löblich und ehrlich."

Vielleicht läßt man für die dem Bauernkriege vorangehenden
hundert oder achtzig Jahre nicht gelten, was der Prediger Bert=
hold von Regensburg[1]) über die Notlage der bäuerlichen Bevöl=
kerung sagt: „Nun seht ihr armen Leut, wie mancherlei sie auf
eure Arbeit setzen, und deshalb seid ihr so arm, weil diese
Unseligen so manche List des Geizes gegen euch anwenden, und
müßt das alles erarbeiten, das die Welt bedarf, und von dem
Allen wird euch kaum in euren Nöten so viel, daß ihr etwas
besser leben könnt, als eure Schweine." Dagegen wird man
gegen ein anderes Zeugnis der Art keine Einwände erheben
können. Die auf dem Tag zu Gelnhausen 30. Juni 1502 ver=
sammelten Kurfürsten des Reiches bekannten, die Lage des ge=
meinen Mannes sei bereits so unerträglich geworden, daß falls
keine Abhülfe geschehe, eine Empörung desselben befürchtet werden
müsse, denn er „mit Frondiensten, Atzung, Steuern, geistlichen
Gerichten und andern also merklich beschwert ist, daß es in die
Harre nicht zu leiden seyn wird".[2]) Die Lage des Bauernstandes
forderte gebieterisch eine Verbesserung: das erkannten nicht bloß
einzelne Einsichtige, sondern dieses Bewußtsein durchdrang seit
langem den ganzen Stand wie ein ungestilltes Sehnen. Der
zunehmende nationale Reichtum kam dem Bauern nicht zu statten,
denn zu denen, welchen sich die günstige Gelegenheit bot, leichter
und rasch ein Vermögen zu erwerben, gehörte er nicht. Dagegen
bekam er die Schattenseiten und Wirkungen davon um so mehr
zu spüren. Die oberen Stände, besonders der zahlreiche Adel,
glaubten ein Recht zu haben, daß für die erhöhten Ansprüche,
die sie an das Leben machten, ihr Untertan, der Bauer, auf=
kommen müsse.[3]) Mit Recht ist gesagt worden: „die Anschläge
des Reichs, die wachsenden Bedürfnisse bewirkten, daß Alles seine

---

[1]) Kling, Bertholds von Regensburg Predigten S. 129.
[2]) Ranke, Reform. Gesch. I, 143 (4. Aufl.)
[3]) Auf diesen Punkt hat ganz neuerdings Delbrück in den Preuß.
Jahrbüchern 53, 529—550 hingewiesen, freilich mit einer nicht ganz richtigen
Begründung.

Ansprüche an ihn (den Bauern) steigerte, der Landesherr, die geistliche Gutsherrschaft, der Edelmann". Bei diesem aber erzeugte das Beispiel der andern Stände, ihre Lebsucht und der überhandnehmende Luxus Neid und Begehrlichkeit. Beides aber gereichte dem Bauernstande nicht zum Vorteil, sondern schuf Verhältnisse, welche weit entfernt waren einen ruhigen Bestand der Dinge zu gewährleisten.

Zweites Kapitel.

Die sociale Stellung des Bauernstandes. Die Kirche und die communistischen Ideen.

Als ein charakteristischer Beweis für die Stellung der Bauernschaft in der menschlichen Gesellschaft muß die allgemeine Verachtung, mit welcher alle Stände auf ihn herabsahen, besonders hervorgehoben werden. Die Litteratur der einschlägigen Zeit, der zweiten Hälfte des 15. und zu Anfang des 16. Jahrhunderts, bietet hierfür überreichliche Belege. Daß man die Bedeutung dieses arbeitenden Standes für die Gesellschaft zu würdigen verstanden oder zu verstehen sich nur bemüht hätte, davon sucht man vergebens eine Spur. Hingegen fließt der Strom des Spottes, des Tadels und der Verachtung, der sich über den Bauernstand ergoß, breit einher. Der Bauer erscheint z. B. in den Schwänken und Fastnachtsspielen jener Zeit immer in einer der beiden Rollen entweder eines albernen Tölpels oder eines dummdreisten Gesellen.[1]) Sein unbeholfenes Benehmen, seine rauhen, oft rohen Sitten dienten zur Zielscheibe des Spottes. Das schöne urdeutsche Wort „Bauer" mußte sich zu einem Schimpfwort stempeln lassen, mit dem man alles, was niedrig und verächtlich schien, bezeichnete. Wenn der Adel die Städter ärgern wollte, nannte er sie Bauern, ummauerte Bauern.

> Sie (die Städte) bedünkt, er (der Adel) sei nit ihr gleich,
> Und nennen sich das römisch Reich,
> Run sind si doch nur Pauren:
> Sie stand (stehen) mit Ehrn hinter der Thür,

---

[1]) Zöllner, z. Vorgesch. des Bauernkriegs S. 70.

So die Fürsten ganb (gehen) herfür,
Die Land und Leut beschauren (beschützen).[1]

Besaß der Bauer etwas, so ärgerte man sich darüber; ließ er von Selbstbewußtsein etwas spüren und daß er keine Lust habe, sich ohne weiteres drücken und schinden zu lassen, so nannte man das Anmaßung und höhnte über sie als „grobe", „unnütze", „üppige" Bauern, als „Flegel" und „Ackertrappen" mit ihren „groben Filzhüten." Sebastian Brant wirft dem Bauernstand in seinem Narrenschiff[2] vor, daß er seine Einfalt, Ehrlichkeit und Bescheidenheit verloren habe, seit er reich geworden sei. Durch Wucher und Fürkauf hätte er sich sein Geld verdient — freilich ein Vorwurf, der auf seine Stichhaltigkeit nicht geprüft werden darf, denn die Wucherer und Fürkäufer der Lebensmittel saßen in den Städten. „Die Bauern stecken ganz voll Geld", klagt der nämliche Prediger. Darum eifert Geiler von Kaisers-berg in seiner 93. Predigt über das Narrenschiff, Gott möge dem Faß den Boden ausschlagen und das Korn die Würmer fressen lassen, die gefüllten Weinkeller und Scheuern zerstören. Pamphilus Gengenbach geißelt die Genußsucht und Hoffart des Landvolkes:

„Niemands me halten will sin Stot (seinen Stand);
Der Bur (Bauer) dem Edelman glich got (gleich geht)."

Ein anderer Dichter[3] erzählt, wie sie sich ausländisch kleiden und einander mit feierlichen Verbeugungen grüßen:

„Als wärens Landherren und Herzogen,
Mit Handschuhen und mit langen Spießen,
Sein (das) möcht den Teufel verdrießen."

Zieht der reiche Bauer in die Stadt, so kauft er sich in den Rat ein, trägt kostbares Pelzwerk und will sich nicht mehr Bauer nennen lassen.

Wenn diese Vorwürfe und Spöttereien zum Teil wohl im Einklang mit der Wahrheit standen, so darf nicht vergessen werden, daß die übrigen Stände um kein Haar besser waren, daß Leb-sucht und Freude am Genuß und Vergnügen, Uebermut und

---

[1] Kurz H., Litteraturgesch. I, 615.
[2] Herausgegeben von Zarncke 79. 89.
[3] Bezold, Sybels hist. Zeitschr. 41. Bd., S. 10.

Ueberhebung, wenn man es so nennen will, ein Uebel war, an
dem die gesamte damalige Gesellschaft krankte, und daß die
Sitten der oberen Stände, weit davon entfernt mustergiltig ge=
nannt zu werden, viel eher dazu beigetragen hatten dem Bauern
als das schlechteste Beispiel zu dienen und ihn zu gleicher Sitten=
und Schrankenlosigkeit zu verleiten. Ein Gelehrter von Ruf und
Bedeutung, der Tübinger Bebel, beklagt mit Sebastian Braut
das unziemliche Weintrinken der Bauern, in der guten alten
Zeit hätten sie blos Wasser getrunken. Gerade daß der Bauer
die andern nachahmte, verargte man ihm mit Unrecht so sehr.
Es ist ein sehr schlimmes Zeichen der Zeit, daß man auf den
Bauern mit solchem Neid und Haß herabsah; daß man ihm nichts
gönnte und von ihm das an Einfachheit des Lebens, Sparsam=
keit und Bescheidenheit verlangte, was man selbst nicht besaß.
Der Bauer, so scheint es, galt in den Augen solcher nicht mehr
als ein Mensch. Ein Wort, das umging, lautete:

> „Der Bauer ist an Ochsen Statt,
> Nur daß er keine Hörner hat.“

Gegen ihn hielt man Gewaltthat und unmenschlichen Druck für
völlig berechtigt. Schonung und Milde wären thörichte Schwäche.

> „Er tuot (thut) alleine, das er muos (muß);
> Gewalt, der ist sein rechten Buß.“[1]

Einen wahrhaft empörenden Ausdruck dieser gemeinen Gesinnung
und Denkweise zeigt ein Lied aus dem 15. Jahrhundert, das
Uhland unter dem Titel Edelmannslehre mitteilt;[2] darin
wird der Bauer als wie ein Wild hingestellt, das der Adelige
nach Belieben hetzen, würgen und erlegen darf.

> Der Wald hat sich belaubet,
> Des freuet sich meine Muot (Mut, Sinn)
> Nun hüet sich mancher Bure (Bauer).
> Der wähnt, er si behuot (sei behütet)!
> Das schafft des argen Winter Zorn,
> Der hat mich beraubet:
> Das klag ich hüt und morn (heute und morgen).

---

[1] Heinrich Wittenweiler, Zöllner S. 70.
[2] Volkslieder Nr. 134. cf. Kurz. Litt. Gesch. I, 619.

Willtu rich ernehren.
Du junger Edelmann,
Folg du miner Lehren,
Sitz uf, trab zum Bann!
Halt Dich zuo dem grünen Wald:
Wann der Bur ins Holz fert (fährt)
So renn ihn freißlich (gewaltig) an!

Derwisch ihn bi dem Kragen,
Erfreu das Herze din,
Nim ihm, was er habe,
Spann us die Pferdelin fin!
Biß (Sei) frisch und darzu unverzagt!
Wann er nummen Pfennig (keinen Pf. mehr) hat,
So riß ihm d'Gurgel ab!

Heb dich bald von bannen
Bewahr din Lib (Leib), din Gout,
Daß du nit werdest zu Schanden,
Halt dich in stäter Huot!
Der Buren Haß ist also groß,
Wann der Bur zum Tanze gat,
So dunkt er sich Fürsten Genoß.

. . . .

Ich weiß ein richen Buren,
Uf den han ichs gericht,
Ich will ein Wile luren (lauern),
Wie mir darumb geschieht,
Er hilft mir wohl us aller Not.
Gott grüeß dich, schöns Jungfreuwelin,
Gott grüeß din Mündlin rot."

Solche verwerfliche Grundsätze auf seiten des Adels, die gar manchmal zu unerhörten Gewaltthaten führten, mußten in den Herzen der Bauern dieselben Gefühle, Zorn und Haß hervorrufen oder aber jenes stolze Bewußtsein erzeugen, daß ihre Beschäftigung einen Wert, diejenige ihrer Gegner aber keinen habe. Und beides findet sich, was nicht überraschen kann, ebenfalls in Stimmen jener Zeit ausgesprochen: so der blutige Haß und die Hoffnung auf einen bevorstehenden Tag der Rache:

„Das wird Gott nit vertragen
Die bösen schwärlich Plagen,

> Sie werden noch erschlagen
> Von dem gemein Bauersmann,
> Es facht jetzt darzu an."[1]

Wurden in Westfalen, wie Werner Rolewinck[2] um das Jahr
1478 in seinem „Lob auf Sachsen" schreibt, junge Adelige des
Landes zur Freibeuterei mit den Worten erzogen:

> „Ruten, roven, bet en is gheyn Schande,
> Dat dohnt die besten van dem Lande",

so begreift man auch die Antwort, welche die Bauern darauf
gaben:

> „Hangen, raden, koppen, stecken en is gheyn Sunde."

Verglich der Bauer seine ehrliche, harte Arbeit mit dem Thun
und Treiben der Herren, dann empfand er nicht ohne Gebühr
einen Stolz, wie ihn das Volkslied: „Der Ritter und Bauer"[3]
zum Ausdruck bringt:

> Der Ritter sprach: „Ich bins geborn
> Von Art ein edel Chunne! (Geschlecht)
> Der Baurmann sprach: Ich bau das Korn!
> Das dünkt mich besser Wunne
> Dein Edel macht du nicht lang verhügen, (an deinem Adel magst du
> nicht lang denken)
> Wär ich nicht Ackermann:
> Ich när dich mit des Pfluoges Zügen,
> Wär mir des Hailes gan. (das Glück zu gönnen.)

> R.: Hofzucht und ritterliche That,
> Die steht mir wohl zu Preise,
> So nähr ich mich in Heldes Kraft
> In solches Handels Weise.

---

[1] Uhland a. a. O. Nr. 143. Aehnliche Klagen der englischen Bauern
überliefern englische Volkslieder: Gesetz herrscht nicht mehr, nur Unrecht und
Gewaltthat; mit seinem Schweiße und seiner letzten Kraft muß der Arme
dem schlemmenden Prälaten und hartherzigen Barone dienen.

> „Weg führten sie die treue Kuh,
> Doch waren's keine Dänen —
> Das treue Tier, denk' ich daran,
> Da kommen mir die Thränen."

Bubbensieg, Wiclif und seine Zeit. S. 23.

[2] Janssen I, 222.

[3] Uhland a. a. O. Nr. 133.

Ich bien ben zarten Frauen gern,
Die wollen fein haben recht;
So mußtu, Bauermann, bienen mir
Recht als mein aigen Knecht.

B.: Umb bein Hofieren geb ich nit
Als klein, als um ain Befen (was so wenig wert ist wie Spreu),
Ich han bes Baurechts ainen Sit (bie gute Sitte bes Bauernrechts)
Das bünkt mich beffer wefen (zu fein).
Was hilft bein Stechen und bein Tanz?
Darin ich kain Gut fpür (nichts Gutes fpür):
Mein harte Arbeit, bie ist ganz,
Und trägt bie Welt baß für (beffer vorwärts).

Das gegenseitige Herunterfeßen, in welchem der Bauer dem
Abeligen nichts nachgab, beweist beutlicher als Alles, wie unge=
funb die gesellschaftlichen Verhältniffe beim Ausgang des Mittel=
alters in Deutschland waren. Die einzelnen Gesellschaftsschichten
standen sich mit der feinbseligsten Gesinnung gegenüber. Keine
Brücke führte über die weite Kluft, welche die Stände von
einander trennte. Von Eigennuß, Eigensucht und beschränkter
Eigenliebe war die ganze Gesellschaft durchseucht. Die Fürsten
waren wider den Kaifer, der Abel gegen die Fürsten, die Bauern
und Bürger wider den Abel, den hohen und niedern. Eine felt=
fam anmutende allgemeine Zwietracht und Feindschaft loderte
wie eine Flamme im Innern der Gesellschaft. Mit der glänzenden
Schilderung, welche eine tenbenziöse Geschichtschreibung[1]) von
der leßten Zeit des Mittelalters entworfen hat, als wäre fie ein
Höhepunkt in der nationalen Entwickelung gewesen, stimmt der
schneibend grelle Mißton nicht, der aus dem gegenseitigen Murren
und Zanken, Zürnen und Schmähen unaufhörlich an unfer Ohr
tönt, stimmt der trübselige Eindruck nicht, den die Zerriffenheit
dieser Gesellschaft noch heute hervorruft. Alles befand fich in
Gährung, nicht blos die Geister, sondern auch die Leidenschaften.
Die innere Zerriffenheit und haßerfüllte Spaltung hätte gar nicht
größer fein können: jebes Gefühl der Zusammengehörigkeit, soweit
es über die Schranken des eigenen Standes hinausging, war

---

[1]) Vergl. den Gefammteindruck des ganzen ersten Bandes von Janffen's
deutscher Geschichte.

geſchwunden. Hielten doch ſelbſt diejenigen nicht zuſammen, welche durch die Geſellſchaftsordnung einander ſehr nahe gerückt waren: der Bürger und der Bauer, der Städter und der Land= bewohner. Bezeichnend iſt die Thatſache, daß im 15. Jahrhundert nur ſehr wenige ſelbſt der bürgerlichen Dichter Mitgefühl für den Bauernſtand an den Tag legen. Nur Roſenblüt erhebt ſeine Stimme für ihn. In ſeinem „Türkenſpiel" (1456) läßt er den Boten vom Rhein ſagen:[1]) „Sage deinen Herren, daß ihre Küchen zu feiſt ſtehen, darum der Arbeiter ſchwitzt und ſchweißt und ſein Hemb im Koth umwälzt, bis er ihre Kuchen geſchmalzt weiß. Ihre Roſſe ſtehen ſatt und glatt im Stall, ſtatt am Pflug zu ziehen; den Bauern erhöhen ſie die Zinſen und wagt es einer, ſie drum zu ſchelten, ſo ſchlagen ſie ihm die Rinder tot, mögen ihm Weib und Kinder drob verhungern!" Die andern Dichter, wie der ſchon genannte Pamphilus Gengenbach und Heinrich Wittenweiler, ſind den Bauern durchweg ungünſtig geſinnt.

Bis zu welcher Höhe aber die feindſelige Geſinnung gegen den Bauern ſchon gediehen war, dafür liefert den beſten Beweis ein adelsfreundliches Buch, welches der züricher Chorherr Felix Hemmerlin unter dem Titel: „Der Adel" (de nobilitate) ver= faßte.[2]) Darin wird es geradezu als das Beſte hingeſtellt, wenn der Bauernſtand ſich ſo befinde, daß er ſeine Lage zu beweinen habe: es wäre gut, wenn etwa alle fünfzig Jahre den Bauern Haus und Hof zerſtört würden, damit die üppigen Zweige ihres Hoch= muts beſchnitten würden. Nicht wie ein Menſch, ſondern „wie ein ſcheußliches, halb lächerliches, halb furchtbares Geſpenſt tritt der Bauer dem Adeligen entgegen. Ein Menſch mit bergartig ge= krümmtem und gebuckeltem Rücken, mit ſchmutzigem verzogenem Antlitz, tölpiſch dreinſchauend wie ein Eſel, die Stirn von Runzeln durchfurcht mit ſtruppigem Bart, graubuſchigem verfilztem Haar, Triefaugen unter den borſtigen Brauen, mit einem mächtigen Kropf; ſein unförmlicher, rauher, grindiger, dicht behaarter Leib ruht auf ungefügen Gliedern; die ſpärliche und unreinliche Kleidung ließ ſeine mißfarbige und thieriſch zottige Bruſt unbe=

---

[1]) Liliencron a. a. O. 1 No. 109 Einleitung und S. 505 Anm.
[2]) Bezold a. a. O. S. 17.

deckt." Dies Bild stimmt freilich nicht im mindesten mit der
Wahrheit; allein grade aus dieser Karikatur erkennt man den
innern Abscheu, mit welchem der Adel auf den Bauern herab=
sah. Der nämliche Hemmerlin bezeugt aber auch die Gesinnung
des Bauern, indem er denselben mit zornigen Worten die Raub=
wirtschaft des Adels und die Rechtsverdreherei der Juristen
geißeln läßt. Es wäre gut, sagt der Bauer, wenn es keine
Pferde und Maultiere auf der Erde gäbe, sondern nur Acker=
und Lastvieh, dann würden die Kriege und Fehden aufhören.
Wenn der adelsfreundliche Verfasser mit solchen und besonders
auch biblischen Argumenten seinen Bauern hervortreten läßt, so
wird dadurch bewiesen, daß diese Argumente volkstümlich d. h.
in Aller Munde waren; denn Hemmerlin konnte sich nicht be=
wogen fühlen für die Sache seiner Gegner, der Bauern, neue
und zugkräftige Waffen zu schmieden. Er läßt z. B. den Rustikus
mit Selbstgefühl sich darauf berufen, daß Adam schon ein Bauer
war, also Gott diesen ersten und edelsten Stand selbst geschaffen
habe, während die übrigen Stände dies nicht von sich rühmen
könnten. Deshalb ruft der Bauer, dem seine Freiheit genommen,
mit den Worten des Psalmisten die Rache Gottes auf sie herab,
„denn ich weiß, daß der Herr wird des Elenden Sache und des
Armen Recht ausführen."

Diese Erbitterung war im höchsten Grade schädlich und
verderbenbringend. Indem sie jedes gerechte Urteil von vorne=
herein ausschloß und eine verständnisvolle Teilnahme an den
Bedürfnissen und Bedrängnissen der einzelnen abschnitt und un=
möglich machte, mußte sie Unheil gebären. In dieser gegenseitigen
Ungerechtigkeit Aller gegen Alle lag eine ungeheure Gefahr für
das ganze Volk: an eine Beseitigung der unleugbaren Schäden
war nun nicht mehr zu denken. Der schnödeste und beschränkteste
Egoismus verdunkelte den freien Blick: ein schlimmerer Kasten=
geist hat niemals in Deutschland geherrscht. Das Unglück des
anderen Standes betrachtete man als sein eigenes Glück. Von
dem Volkslied „Die Städte"[1]) lauten die drei letzten Verse
charakteristischer Weise also:

---

[1]) Liliencron a. a. O. I. 417.

Wirtemberg, das edel Blut,
Verdreußt der Ulmer Uebermut,
Er wil sie visitieren,
Sie süllen fürbaß Wollseck binden;
Gott wöll, daß si mit ihren Kinden
Land und Leut verlieren!

Und soll der Krieg noch länger währen,
So werden zwar der Stangen zeren (in Wahrheit sich unterwerfen)
Die Städt an allen Enden.
Es gat in (geht ihnen), als si hand verschuldt,
Die Gmaind hat billig Ungeduld,
So Glück sich nit will wenden.

Gelück bestand dem Adel bei,
Verbiet den Bauern ihr Geschrai:
Wünsch ich von ganzem Herzen;
Daß sie sich vor dem Adel schmiegen
Und nicht(s) gewinnen an den Kriegen
Tan Reue, Laid und Schmerzen.

Man müßte es als ein Wunder ansehen, wenn die Bauern diese gehäßige Gesinnung nicht erwidert hätten. Denn abgesehen davon, daß man von ihrem Bildungsstand eine solche Bekämpfung der Leidenschaft, eine solche Seelenstärke am wenigsten zu erwarten berechtigt wäre, mußten die wirkliche Not, der sie ausgesetzt waren, die Verachtung und die täglichen Plackereien seitens ihrer Herren, ihre Hilflosigkeit in streitigen Sachen, die harte Arbeit ihres Berufes gegenüber dem leichteren Leben der Oberen sie zu dem Glauben führen, daß sie ein sittliches Recht zu ihrem Neid und Haß und Trotz hätten.

Diesen Widerstreit der Stände zu beseitigen, die Mißstände der Zeit zu mildern, diese Gegensätze auszusöhnen, dem Reichen seinen Hochmut, dem Armen seine Bitterkeit zu verweisen, wäre Beruf und Aufgabe der Kirche und der Geistlichkeit gewesen. Aber es geschah nichts von Bedeutung und Wirkung. Ein großer Teil des Klerus, besonders der höhere, welcher vorwiegend aus Adeligen bestand, hatte kein Herz für das niedere Volk, ja erwies sich häufig als schlimmster Feind der Bauern und als unbarmherziger Bedrücker der Untertanen. Schon sein durch und durch weltliches Thun und Treiben war eine grobe Sünde. Das

Beispiel dieses gottentfremdeten Lebens mußte bei ernsten Gemütern Anstoß erregen, bei den Armen und Verachteten im
Lande aber den letzten Halt, allen Glauben erschüttern. Klagt
doch selbst ein Wimpheling: „Auch im geistlichen Stand ist die
Ueppigkeit weit verbreitet, besonders bei den Geistlichen von
Adel, die keine Seelsorge haben und es im Prassen den reichen
Kaufleuten gleichthun wollen". Und die Sünden der Ueppigkeit
waren keineswegs die einzigen. Es war weit davon entfernt,
daß überall unter dem Krummstab gut zu wohnen gewesen wäre.
Wer z. B. die Leidensgeschichte der Gotteshausleute von Kempten,
deren Aebte das Recht beugten und alles was die Gerechtigkeit
forderte, verhöhnten, sich näher ansieht, wird dies bestätigen.
Aber auch die niedere Geistlichkeit stand nicht durchweg auf
Seiten des Volkes, die wie sein Leben so auch seine Leiden und
Schmerzen geteilt und gekannt hätte. Durch den Unfug der
Pfründenhäufung zerfiel sie in zwei streng geschiedene Klassen:
Die Pfründenbesitzer und die, welche im Namen derselben die
Seelsorge übten. Jene zogen sich vom Amte zurück und genossen
die Erträgnisse ihrer Pfarreien nach dem Beispiel von oben
Diese dagegen bildeten ein geistliches Proletariat, das oft noch
ärmer und abhängiger war als der Bauersmann. Sie hatten
mit der Not des Lebens zu kämpfen, wie dieser, waren der
Willkür der Pfarrherren ausgesetzt, denen nichts daran lag, wie
oft sie diese ihre Diener wechselten. Am Angebot solcher Kräfte
war kein Mangel. Es ist begreiflich, daß solche Seelsorger
wenig Einfluß in den Gemeinden gewannen und durchaus ungeeignet waren durch ihre Wirksamkeit die Gemüter zu besänftigen,
erwachende Leidenschaften zu zügeln und durch ihren Zuspruch
die Leute willfähriger und gebändiger zu machen. Im Gegenteil,
sie nährten gar oft die Unzufriedenheit des gemeinen Mannes
durch Reden in seinem Sinne, sie schlugen sich auf seine Seite,
gaben ihm Recht und haßten mit ihm die oberen Stände als
Urheber dieser ihrer gemeinsamen Not. Aus den Reihen dieses
Teils der Geistlichkeit erhielt der Bauernstand viele Bundes=
genossen in seinem Streite mit seinen Herren: vom ersten Anfang
der Bewegung an bis zum Bauernkrieg in der Reformationszeit.

Die Kirche aber als solche und die von ihr völlig abhängige

Wiſſenſchaft that nichts zur Löſung dieſer bedeutſamen Frage. Man hatte ſich mit anderm zu beſchäftigen; vor Allem galt es die kühnen Forderungen der freieren Geiſter und der großen Concilien des Jahrhunderts zu beſeitigen und zum Schweigen zu bringen. Jedes Zugeſtändnis würden die Päpſte als eine Einbuße ihrer unbeſchränkten Machtfülle angeſehen haben. Mit dem größten Eifer und leider nicht ohne Erfolg ſtrebten ſie darnach den bedenklichen Ausſpruch von Conſtanz und Baſel wieder aus der Welt zu ſchaffen, daß ein Concil über dem Papſte ſtehe und auch über ihn Macht habe. Daß dies wirklich gelang, entſcheidet am beſten die Frage, ob von oben herab irgendwie eine Förderung der allenthalben nötigen Reform zu erwarten war oder nicht. Die Wiſſenſchaft aber, zu unfrei und gebunden, als daß ſie ſelbſtſtändig ihre Wege gegangen wäre, huldigte mit der Kirche eher dem Rückſchritt als dem Fortſchritt. Es iſt bezeichnend, daß das geſamte Mittelalter nicht im Stande war eine wiſſenſchaftliche Wirtſchaftslehre zuwege zu bringen, erſt der reformatoriſchen und nachreformatoriſchen Zeit blieb es vorbehalten die Wiſſenſchaft der Nationalökonomie zu begründen und auszubilden. Gerade dadurch aber, daß die Kirche in Bezug auf die Fragen des wirtſchaftlichen und ſocialen Lebens nichts that Klarheit zu ſchaffen und einen ſichern Standpunkt zu gewinnen, hat ſie den ſubjektiven Meinungen hierüber nicht blos Thür und Thor geöffnet, ſondern ein gewiſſes Recht zugeſtanden. Man ſollte nicht heute noch diejenigen anklagen, die hierüber ſelbſt- ſtändig zu denken wagten, ſondern die Kirche und die Wiſſenſchaft, welche beide teilnahms- und verſtändnislos in kaltem Schweigen verharrten.

In erſter Linie iſt hier die Frage nach dem Mein und Dein d. h. nach dem Recht des Privateigentums, des „Sonder- eigens" zu nennen[1]). Sie mußte ſich, von allem andern ab- geſehen, ſchon deshalb immer wieder in den Vordergrund drängen, weil die Bibel von einem Zuſtande der erſten chriſtlichen Gemeinde berichtete, von dem die Kirche längſt völlig wieder abgewichen

---

[1]) Vergl. die lehrreiche Studie von Uhlhorn in der Zeitſchrift für Kirchengeſchichte Bd. 4.

war und der vielleicht gerade aus diesem Grunde als das zu
erstrebende Ideal von Manchen angesehen wurde. Der Verfasser
der Apostelgeschichte erzählt bekanntlich von der Gemeinde zu
Jerusalem im vierten Kapitel (Vers 34): „Es war auch keiner
unter ihnen, der Mangel hatte; denn wie viele ihrer waren, die
da Aecker oder Häuser hatten, verkauften sie dieselben und brachten
das Geld des verkauften Guts und legten es zu der Apostel
Füßen; und man gab einem jeglichen, was ihm not war".
Einzelne Denker kamen während des ganzen Mittelalters immer
wieder auf dieses Bibelwort zurück und erblickten in der Wieder-
kehr eines solchen Zustandes, der ihnen möglich schien, ein Heilmittel für die Gebrechen ihrer Zeit, sofern dieselben in der un-
gleichen Verteilung der irdischen Güter ihren Grund hatten.
Das Privateigentum erschien als eine Schöpfung des Eigennutzes,
der in liebloser Weise sich gerne zur Unterdrückung des Nächsten
steigert. Dem Gebot der allgemeinen Christenliebe läuft un-
streitig ein solches Verhalten schnurstracks zuwider; sie fordert
vielmehr die Beseitigung menschlicher Not und Armut, soweit
dies auf Erden möglich ist. Weil in den ersten Zeiten der
christlichen Gemeinschaft dies wirklich erreicht worden war, so
wies man mit stets neuem Eifer auf dieses Beispiel hin, d. h.
keiner Periode des Mittelalters fehlt die communistische Idee
und damit die Polemik gegen das Recht des Besitzes. „Durch die
Einführung der Gütergemeinschaft, sagt schon Chrysostomus[1]), würde
der Himmel auf die Erde kommen, Arm und Reich miteinander
in Frieden leben und der Staat selbst der Engel würdig werden
können". Ambrosius erklärt aus dem Naturrecht die Notwendigkeit des gemeinsamen Besitzes, Gott habe den Menschen die Erde
als gemeinsamen Besitz überlassen, das Privatrecht sei durch
Gewalt gekommen. Lactantius[2]), Tertullian[3]) und die andern
Kirchenväter sprachen ähnliche Ansichten aus, sie hielten „das
Leben im Paradies und in der Christengemeinde zu Jerusalem
ihrer Zeit als einen Spiegel vor, in welchem sie ihre Selbstsucht

---

[1]) Hom. in acta apost. VII. XI.
[2]) instit. de justitia lib. V.
[3]) Apolog. cap. 39.

und Herzlosigkeit und die daraus entspringende Massennot er=
blicken und zugleich erkennen sollte, daß nur die Liebe jene arge
Ungleichheit der Stände und das drückende Elend der untern
Volksklassen aufzuheben vermöge".

Die Wirkung der Aussprüche dieser Autoritäten war, daß
auch die Scholastiker diesen Ansichten im Ganzen beipflichteten.
Nur Thomas von Aquino bekämpft von seinem aristotelischen
Standpunkt aus die Meinung, daß das Privateigentum irgend=
wie Folge der menschlichen Sündhaftigkeit sei; das Sondereigen
habe die größten Vorzüge vor dem Gemeineigen: die aufmerksame
Pflege des irdischen Besitzes, der Wert und die Lust der Arbeit
würden ebenso verschwinden wie die Ordnung, der Friede und
die Harmonie der menschlichen Gesellschaft. Allein selbst das
große Ansehen, in welchem dieser tiefe Denker stand, konnte nicht
bewirken, daß seiner wolbegründeten Meinung Zustimmung und
Beifall zu Teil wurde. Die alte Lehranschauung blieb herrschend
und wurde sogar von Kaisern wie Friedrich II. und Karl IV.
adoptiert, welche es anerkannten, daß nach dem „Naturrecht" alle
Dinge anfänglich Gemeingut gewesen und daß erst durch den
Sündenfall eine Teilung des Besitzes herbeigeführt worden sei.
Von Wiclif und Hus wird besonders zu reden sein. Gabriel
Biel, ebenfalls ein Anhänger des Aristoteles, über dessen Ethik
er Predigten hielt, lehrte noch gegen das Ende des 15. Jahr=
hunderts, obwol ihm ein hohes Maß nationalökonomischer Ein=
sicht nachgerühmt wird, daß im ursprünglichen Zustand der Un=
schuld nach dem Naturrecht Allen Alles gemein gewesen sei; durch
den Sündenfall sei dieser Communismus aufgehoben und das
Privateigentum eingeführt worden. Zwingli[1]), der sich von
Schwärmereien frei zu halten wußte, hatte die gleiche Ansicht,
wenn er sagte: „Darum nun alle Dinge in Eigenschaft kommen
sind, so lernen wir, daß wir Sünder sind, und ob wir von
Natur nicht wüst wären, so wäre doch die Eigenschaft eine große
Sünde, genug, daß uns Gott verdammte; dann das er uns frei
gibt, das machen wir eigen". Selbst dem Zerrbilde, das von

diesen communistischen Ideen die Wiedertäufer lieferten, indem sie dieselben in die Praxis übersetzten, darf man nicht abstreiten, daß sein Grundgedanke, aus dem es entsprungen ist, die allgemeine Christenliebe war.

Diese communistischen Anschauungen blieben schon in der mittelalterlichen Zeit nicht ohne Wirkung. Aus ihnen entsprang die Verherrlichung der Armut, die Forderung eines armen Lebens, die Bekämpfung des Reichtums und damit der Klassenhaß der Besitzlosen gegen die Begüterten. Auch dabei fehlt es nicht an Beziehungen auf die Bibel. Im Freibank z. B. wird gefragt:

> „Was frumt dir, richer Mann, dein Guot,
> So dich der Tod nimmt in sein Huot?"

Arm war ja der Heiland selbst und arm sollten seine Jünger sein. Wer arm ist, so folgerte man, steht ihm also näher. Im Lucidarius, einem im Mittelalter vielgelesenen Buche, wird ausgesprochen, daß die Bauern deshalb am meisten Aussicht auf die Seligkeit hätten, weil sie das ganze Volk im Schweiße ihres Angesichts ernähren[1]). In einer Kölner Chronik wird behauptet, Christus sei auf Erden als Bauer gewandelt; im Evangelium sage Jesus: „Mein Vater ist ein Baumann"[2]), sich selbst nenne er einen „Schafhirt". „Gleichwie von dem edeln Ackersmann alle Stände, geistlich und auch weltlich, gespeiset und gefüttert werden, so thut auch Gott der Vater". Der saure Beruf im Schweiße des Angesichts war also mit nichten verächtlich, sondern ein edler: ohne den armen Stand der Bauern könnte die Welt gar nicht bestehen:

> „Ich lob dich, du edler Baur
> Für alle Kreataur,
> Für alle Herrn auf Erden;
> Der Kaiser muß dir gleich werden",

rühmt der schon angeführte Rosenblüt in seinem Spruche: „der Bauern Lob"[3]). Unter den drei von Gott geschaffenen Ständen,

---

[1]) Bezold, Sybels hist. Ztschr. Bd. 41, 28.
[2]) Joh. 15,1. Pater meus agricola est.
[3]) Bezold a. a. O. S. 33.

4*

dem Nähr-, Wehr- und Lehrstand steht nach einem Worte im Freidank der Nährstand obenan:

„Gott hat driu (drei) Leben (Stände) geschaffen:
Gebure (Bauern), Ritter unde Pfaffen".

Der erste Mensch war ein Ackersmann und die erste menschliche Beschäftigung den Boden zu bestellen; die übrigen Stände sind erst später geworden. Dieser Stolz wagte sich sogar bis zum Kaiser empor, daß er einen Maximilian I. fragte:

„Als Adam grub und Eva spann,
Wo war denn da der Edelmann?"

Ja die bäuerliche Arbeit, scheinbar nur bestimmt für die leibliche Notdurft zu sorgen, hat den hohen Beruf das Brot des Lebens zu schaffen, mit dem der Erlöser dem Menschen im heiligen Abendmahl seinen Leib, sein Fleisch darreichen läßt:

„Ich bau die Frucht mit meiner Hand,
Darein sich Gott verwandelt
In des Priesters Hand¹)"

So tröstete sich der Bauer über sein entbehrungs- und arbeits- reiches Leben, indem er es im Lichte mystisch-religiöser Verklärung anzusehen suchte. Aber es war freilich nur ein Trost.

Und im Schoße der Kirche selbst gewann eine Richtung Boden, welche durch ihr „armes Leben" als ein Protest gegen die bestehenden Verhältnisse anzusehen ist. Die Zulassung der Bettelmönche, d. i. der beiden Orden des heiligen Franciscus und des heiligen Dominicus, ist im Grunde doch ein Zugeständnis, daß das Weltleben des Klerus und sein Reichtum sogar ein kirchliches Gegengewicht gegenüber den Massen unbedingt verlange. Ihre Forderung der Armut ging von den communistischen Anschau- ungen aus und bezweckte durch ein Beispiel die Versöhnung derer, die am Besitz und Reichtum Anstoß nahmen. Aber die neue Ein- richtung versagte so sehr ihre conciliante Wirkung, daß dadurch erst recht der latente Streit in die christliche Welt hineingetragen wurde. Denn das Gelübde der Armut fand innerhalb des Franciscanerordens eine doppelte Auslegung, eine laxere und eine schärfere, indem jene zwar nicht den Besitz, aber doch den Nieß-

---

¹) Bezold a. a. O. S. 28.

brauch weltlicher Güter gestattete, die strengere dagegen ohne Umschweif beides verwarf und auf die buchstäbliche Erfüllung der gelobten
Armut drang. Diese strengere Richtung derer, welche sich als
Spiritualen, Fraticellen, Apostelbrüder u. s. w. zusammenschlossen,
den weltlichen Besitz verwarfen und die Gleichheit vor Gott als
den unumstößlichen Fundamentalsatz hinstellten, von welchem aus
eine Reform der Kirche vorzunehmen sei, erntete den ungeteilten
Beifall des niederen Volkes. Im Jahre 1342 lehrte ein Priester
Namens Herman Küchner im Bistum Würzburg neben andern
Artikeln, daß „die Päpste und Bischöfe ihres Amtes halber nicht
größer oder mehr wären, denn andre Priester." Er mußte seine
Lehren vor dem Ketzermeister widerrufen. Ein Laie, Konrad
Hager, eiferte ebendaselbst zur gleichen Zeit gegen das Meßopfer
und die Meßfronden. Man solle, riet er, den Priestern kein
Opfergeld mehr geben, „es sei lauter Grempelei, Pfaffengeiz,
Simonie, Raub des Almosens, welches denen armen hungrigen
und dürftigen Leuten gebühre. Er wolle gern leyden, was ihm
gebühret, wenn er nur das Meßfronen abbringen möchte." Auch er
verfiel dem Ketzergericht.[1]) Daß aber päpstlicher Machtspruch diese
als Ketzer brandmarkte, vermehrte nur ihren Anhang. Es war
eine unerhörte Erscheinung, daß der nämliche Papst Johann XXII.
welcher dieses Verdammungsurteil ausgesprochen hatte, von dem
deutschen Kaiser Ludwig dem Bayern und seinen kirchlichen Streit=
genossen, den Minoriten d. h. eben der strengeren Partei im
Franciscanerorden, selber der Ketzerei angeschuldigt, mit allen
Mitteln literarischer Polemik bekämpft und als Ketzer abgesetzt
wurde. Wenn es auch der päpstlichen Partei gelang, diesen Sieg
ihrer politischen und socialen Gegner wieder in sein Gegenteil
zu verwandeln, so bedeutete dies doch noch keine Niederlage der
Theorieen und Lehren derselben. Im Gegenteil, man darf sagen,
die Sekten aller Art schossen wie Pilze aus dem Boden. Von
den energisch kämpfenden Paterenern und Dolcinianern in Italien,
von den Begharden, den Brüdern vom armen Leben, den Loll-
harden, der Sekte des freien Geistes, den Brüdern und Schwestern

[1]) Lor. Fries, Historie der Bischöffen zu Wirtzburg bei Ludwig, Geschichtsschreiber v. d. Bischofthum Wirtzburg S. 626.

der freiwilligen Armut an, lauter extremen Vereinigungen, welche nicht nur das Privateigentum verwarfen, sondern auch die Sakramente z. B. des Abendmahls und der Ehe, und von einem leidenschaftlichen Haß gegen die höhere Geistlichkeit erfüllt waren — von allen diesen schon aus der Kirche gedrängten Sekten bis zu den frommen „gelassenen" Mystikern und den Brüdern vom gemeinsamen Leben herab zieht sich wie ein roter Faden die Verachtung, ja die gänzliche Verwerfung des zeitlichen Besitzes. Der Erwerb zeitlicher Güter, sagt der Mystiker Ruysbroek, hindert die Vergöttlichung der Seele; jedoch beugen vor ihnen auch die Päpste, Fürsten und Prälaten ihre Kniee und haben nicht die Besserung und Zucht der Seelen, sondern den Beutel im Auge; die Kirche selbst ist dem Reichtum zugänglich und bietet für Geld ihre Gaben. Denn für die Reichen liegt alles Geistliche bereit, ihnen wird gesungen und gelesen; was in der Kirche äußerlich geschehen kann, ist für sie da; leicht erhalten sie Ablaßbriefe für die Strafen des Fegefeuers und für alle Sünden; nach ihrem Tod hört man überall singen und läuten, und sie werden vor dem Altar begraben und selig gesprochen. Den Geistlichen haften besonders drei Fehler an: Trägheit, Fresserei und Schwelgerei. Man findet unzählige Bettelmönche, aber wenige, welche die Statuten ihres Ordens beobachten; sie wollen Arme heißen, aber sie saugen alles Land, was auf sieben Meilen um ihr Kloster herumliegt, aus und leben im Ueberfluß; ja unter ihnen selbst giebt es wieder Abstufungen, was gar nicht vorkommen sollte: einige haben vier, fünf Röcke, die andern kaum einen; die einen schmausen im Refektorium, die andern müssen sich mit Gemüse, Häring und Bier begnügen, diese werden dann neidisch, um so mehr, da sie meinen, alle Güter sollten gemein sein.[1])

In solchen Worten eines unantastbaren Mannes, der selbst Geistlicher war, lag des aufstachelnden und aufreizenden Stoffes genug. Das niedere Volk sah sich dadurch in seinem Haß gegen den verweltlichten Clerus, wie gegen den Reichtum außerordentlich bestärkt; denn „es fühlte sich in seiner Armut auch in geistlichen Dingen von den Reichen bedroht und bedrückt." Den commu

--

[1]) Ullmann, Reformatoren vor der Reformation II, 57 f.

niſtiſchen Wahngebilden, denen ſich der Arme ſo gerne hingibt, wurde dadurch Thür und Thor geöffnet. Der Boden ward ſo ſeit lange, man kann ſagen, ſorgſam für eine weitere Entwickelung dieſer gefährlichen Doktrinen bereitet, als die huſitiſche Bewegung in Böhmen jene communiſtiſchen Theorieen nicht blos weiterbildete, ſondern auch nicht davor zurückſchreckte, ſie in böſe Thaten umzuſetzen. Wir ſehen aber aus dem geſagten, daß auch die Huſiten das neue ſociale Evangelium nicht erſt in die Welt gebracht und erfunden haben, ſondern daß auch die böhmiſche Revolution nur ein Glied, wenn auch ein bedeutſames, in einer langen geſchichtlichen Kette bildet. Schon im 16. Jahrhundert hat allerdings ein Feind der Reformation[1]) und Luthers insbeſondere folgende Behauptung aufgeſtellt: „Auf Johannes Hus und ſeine Anhänger laſſen ſich faſt alle jene falſchen Grundſätze über die Gewalt geiſtlicher und weltlicher Obrigkeit und über den Beſitz irdiſcher Güter und Rechte zurückführen, welche wie früher in Böhmen, ſo jetzt bei uns Aufruhr und Empörung, Raub, Brand und Mord und die ſchwerſte Erſchütterung des ganzen Gemeinweſens hervorgerufen haben. Das Gift dieſer falſchen Sätze fließt ſchon ſeit langer Zeit aus Böhmen nach Deutſchland und wird überall, wohin es ſich verbreitet, dieſelben verheerenden Wirkungen ausüben.“ Dieſe Behauptung iſt neuerdings mit einem nicht mißverſtändlichen Nachdruck wieder aufgenommen worden. Aber ſie enthält einen groben Irrtum. Die huſitiſche Bewegung hat nicht die Wurzel des Communismus gelegt, die ſich im Gegenteil ſchon in viel früherer Zeit findet, ſondern ſie iſt ſelbſt ſchon eine Frucht, freilich eine hervorragend große und gereifte Frucht eines alten Baumes.

Geleugnet aber kann nicht werden, daß der Huſitismus außerordentlichen Einfluß auf die deutſche Bauernſchaft gewonnen hat. Die Lage und die Anſchauungen des Bauernſtandes waren eben der Art, daß er begierig auf die Worte eines Mannes lauſchen mußte, der die Abſicht kund that, Wandel in den hergebrachten Dingen zu ſchaffen, und der mit einem Freimut ſonder

---

[1]) Contra M. Lutherum et Lutheranismi fautores zu vergl. Janſſen II, 393.

gleichen nicht blos auf einen Punkt seine Angriffe richtete. Gerade da und hauptsächlich da, wo die Lage der Agrarbevölkerung sich bis zum unerträglichen gestaltete, fand „das böhmische Gift" Eingang — nicht über Nacht, sondern langsam und allmählich, wie es dem bedächtigen Sinne des Bauern entsprach. Bevor jedoch dieser Prozeß der Vermittelung und des Eindringens der husitischen Lehren in Deutschland geschildert wird, muß ein flüchtiger Blick auf diese selbst geworfen werden.

———————

Drittes Kapitel.

Das „böhmische Gift" und seine Verbreitung in Deutschland.

Keinem Zweifel unterliegt es, daß Hus, wie er im Ganzen von dem Engländer Wiclif abhängig ist, so besonders in seinen wirtschaftlichen Auslassungen sich streng an denselben anschloß: ein Punkt, auf den wir noch zurückkommen müssen. Aber auch bei Wiclif selbst ist die Verbindungslinie nachweisbar, die ihn in seiner Lehre vom Eigentumsrecht mit den bestehenden Verhältnissen und mit anderen mittelalterlichen Schriftstellern verband. Seine Anschauung von der wahren Kirche wurde bedingt durch die Schäden der Kirche seiner Zeit, des Papsttums insonderheit, wie es in Avignon geworden war.[1]) Er zog daraus um so sicherer den Schluß, daß die wahre Kirche arm und machtlos in den Dingen dieser Welt, aber reich an geistlichen Gütern sein müsse, daß also weltlicher Besitz für sie eher schädlich, als nützlich sei. Gerade aber in diesem Punkte sah er als seine Vorgänger und Bundesgenossen die Minoriten Occam und Marsilius von Padua, d. h. jene Männer, deren Protest gegen die Verweltlichung der Kirche zumeist in Deutschland Beifall und Anknüpfungspunkte gefunden hatte. Ihre Lehre vom Eigentum namentlich hat Wiclif weitergebildet oder, wenn man will, gesteigert. Hatten diese behauptet, Gott, nicht der Papst ist der Herr aller weltlichen Herrschaft, so ging Wiclif von diesen Vordersätzen noch zu weiteren Schlußfolgerungen über. Jeder Mensch

---

[1]) Buddensieg, Johann Wiclif und seine Zeit. S. 130 ff.

sagt er, trägt also seinen irdischen Besitz von Gott zu Lehen: wenn er nun gegen Gott sich Ungehorsam durch eine Todsünde zu Schulden kommen läßt, so verliert er Besitz und Recht. Dieser Schluß ist, die Richtigkeit des Vordersatzes von dem Lehen alles irdischen Gutes zugegeben, unanfechtbar. Die Todsünde scheidet den Sünder unwiederbringlich von Gott. Der Lehensmann muß also auch seines Lehens verlustig gehen, er hat kein Recht mehr darauf. Inwieweit Hus den Lehren des Wiclif gefolgt ist, wird sich hernach zeigen. Hier kommt es aber vor allem darauf an hervorzuheben, daß er diesen „ketzerischen“ Aussprüchen seines Meisters nicht etwa aus purer Verblendung beifiel, sondern daß die bäuerlichen Verhältnisse dazu hinreichend angethan waren, in ihm Gedanken von ihrer Unhaltbarkeit zu erwecken. Es wird sich bestätigen, daß auch hier das Thatsächliche die Theorie, nicht umgekehrt der Fanatismus eines Einzelnen die Unzufriedenheit der Masse erzeugte. Wenn bei der Betrachtung irgend eines geschichtlichen Prozesses an einer Erkenntnis fest zu halten ist, so gilt dies ganz besonders für das Verständnis des durch das ganze Mittelalter sich hinziehenden wirtschaftlichen Prozesses, an dessen Ausgang der Bauernkrieg steht. Die bäuerlichen Verhältnisse hatten sich in Böhmen, im Laufe der Zeiten vielleicht noch schlimmer gestaltet wie in Teutschland. Dadurch, daß die Grundherren zugleich die Gerichtsbarkeit besaßen, hatten sie Verträgen und Gesetzen zum Trotz ein Mittel, das ihnen jede Gewaltthat möglich machte. In der That scheint auch die Behandlung der Landbevölkerung vielfach über alles Maß barbarisch und grausam gewesen zu sein; denn sonst würde Karl IV. den Adeligen nicht verboten haben, ihren Hörigen die Augen auszustechen oder Nase, Hand und Fuß abzuschneiden.[1] Es war schon mehr als genug, wenn den Bauern ein Recht um das andere abgezwackt wurde. Die Bauern, sagt ein böhmischer Gelehrter jener Zeit, seien auf den kirchlichen Gütern elende Tröpfe und Sklaven, die nichts als die bloße Nutznießung hätten. Die freien Bauern waren zu Zinsbauern herabgesunken, die zwar noch das Freizügigkeitsrecht besaßen, aber als sie davon einen ausgedehnten Gebrauch

---

[1] Bezold, z. Geschichte des Hussitentums. S. 57.

zu machen suchten, durch königliche Machtsprüche und Landtags=
beschlüsse daran verhindert wurden. Neben ihnen saßen noch
Hörige, die schon früher ihre Selbstständigkeit eingebüßt hatten.
Alle Reformversuche seitens der Bauern, selbst seitens wohlmei=
nender Männer, wie des Erzbischofs Johann von Prag oder
seines Vikars Kunes von Trebovel (1386), scheiterten an dem
unnachgiebigen Sinn der Herren, der weltlichen und der geistlichen.
Aus diesem Grunde fanden die communistischen und demokratischen
Lehren frühzeitig einen fruchtbaren Boden in Böhmen: Begharden
und Dolcinianer wirkten hier mit solchem Erfolge, daß selbst
päpstliche Bullen sich mit der Sache befaßten und zur Ausrottung
des sektirerischen Irrwahns aufforderten. Da aber nichts zur
Hebung des Uebels geschah, so wucherte diese Aussaat wie Un=
kraut: von allen Seiten strömten „unzählige Ketzer, meist Deutsche
und Fremdlinge herbei." Das Bemerkenswerte ist aber, daß hier
in Böhmen sehr bald, schon vor den Husiten, Gewalt gegen Ge=
walt gesetzt wurde. Daß man 14 Männer und Frauen wegen
Ketzerei verbrannt hatte, beantworteten die Gesinnungsgenossen der
Gerichteten mit der Ermordung des päpstlichen Inquisitors, des Pre=
digermönches Gallus von Neuburg im Jahre 1341 — ein unheil=
volles Beispiel. Statt die Gemüter zu versöhnen, waren sie erst
recht entzweit worden. Der nachmalige wütende Haß der Husiten
gegen den Clerus mag zum Teil aus diesen Vorgängen sich erklären.
  Man hatte die Bauern nicht blos von Seiten ihrer geist=
lichen Oberen mit mehr als unziemlicher Härte behandelt, sondern
auch von Seiten der kirchlichen Autorität wegen ihrer begründeten
Proteste als Ketzer gescholten, verfolgt und wo es ging gestraft.
Diese schlimme Aussaat mußte aufgehen. Wer gegen die be=
stehende Kirche und gegen die Verweltlichung des Klerus sei es
protestirend oder revoltirend auftrat, durfte auf den Beifall der
böhmischen Bauern rechnen. Das erfuhren zunächst die Volks=
prediger Milic von Kremsier und Konrad von Waldhausen, dieser
ein Deutscher, jener ein cechischer Priester. Waldhausen berührte
zwar die Frage des weltlichen Besitzstandes der Kirche nicht, aber
er eiferte gegen die Schenkung an Klöster, die man besser den
Armen zufließen lasse; er predigte gegen Verschwendung und
Geiz und verdammte den Wucher. Mit radikaleren Lehren trat

Milic auf, die geeignet waren, die Menge in die größte Aufregung zu versetzen; denn was er wollte, widersprach einem integrirenden Teile der damaligen Gesellschaftsordnung: er verwarf eigentlich Handel, Kapital und geistliches Eigentum. Wer Abgaben einer Gemeinde kaufe, wer Sachen erhandle, um sie teurer zu verkaufen, müsse aus der Kirche gestoßen werden. Die Zinsen, welche die Geistlichkeit für Grund und Boden erhebt, sind ihm nichts als Wucher; Priester sollen, wie er meint, überhaupt kein persönliches Eigentum, sondern nur gemeinsames besitzen. Zu diesen und ähnlichen Worten, welche Milic selbst durch seine Wanderpredigten mitten unter das Volk trug und die auf den fruchtbarsten Boden fielen, brauchte im Grund Hus einige Dezennien nachher nichts Neues hinzuzufügen; er durfte sie nur in Erinnerung bringen, sie enthielten genug Zündstoff. Wenn darauf hingewiesen worden ist, daß durch Hus das ganze Privatrecht in Frage gestellt wurde[1] so kann man getrost noch einen Schritt weiter gehen und behaupten, daß schon Milic einen totalen Umsturz des Privatrechtes herbeigeführt hätte, wenn seine Lehren in die That umgesetzt worden wären. Daß dies erst unter oder vielmehr nach Hus geschah, hatte seinen Grund in verschiedenen Umständen. Mehr noch als Hus' Lehre, führte sein Tod die Katastrophe in ihrem ganzen Umfange herbei; aber von außerordentlicher Wirkung blieb doch sein Wort, das wie ein Evangelium verehrt wurde, selbst noch über die blutige Zeit der Husitenkriege und weit über die böhmische Grenze hinaus. Als das wesentlichste Element des Husitismus, hinter welchem trotz Allem das Politische und Nationale bedeutend[2] zurücktritt, müssen seine religiösen und socialistischen Bestandteile angesehen werden: sie waren wahrhaft international, denn sie trafen allerwärts auf ähnliche Anschauungen und Richtungen. Dieser propagandistische Zug des Husitentums und die Empfänglichkeit für seine Forderungen wird durch

---

[1] Zöllner a. a. O. S. 35.

[2] Nur so ist es zu verstehen, daß der cechische Deutschenhaß und die spätere Verwüstung deutscher Nachbarländer seitens der Husiten selbst von einem großen Teil der Zeitgenossen so leicht vergessen oder übersehen werden konnte, weshalb nicht allein Hus auf seinem Zug nach Constanz in vielen deutschen Städten wie ein Held gefeiert wurde, sondern auch die husitischen, ozialistischen Doctrinen vielfachen Beifall gewannen.

manche Dinge bezeugt:[1]) Schon 1420 fordern die Prager und
Taboriten, daß ihre vier Artikel 1) freie Predigt des göttlichen
Wortes, 2) die Kommunion unter beiderlei Gestalt für alle Gläu=
bigen 3) Einzug aller Kirchengüter, weil der weltliche Besitz die
Geistlichkeit hindere ein wahrhaft evangelisches Leben zu führen,
4) Einführung des göttlichen Gesetzes und Bestrafung aller Tod=
sünden nach demselben, daß diese vier Artikel in die böhmische,
deutsche, ungarische und lateinische Sprache übersetzt und ver=
kündigt würden, und Procop will später geradezu dieselben zum
gemeinsamen Programm der Gleichgesinnten aus allen Nationen
erhoben wissen. Ziska wendet sich in seiner Kriegsordnung an
die Gemeinden aller Länder und fordert zum Beitritte auf. Die
Taboriten versäumten nicht ihren volkstümlichen Manifesten eine
möglichst weite Verbreitung zu geben; selbst in Spanien, so wird
uns berichtet, wurden ihre Aufrufe an alle Christen, Herren und
Knechte, Reiche und Arme, sich nicht länger von den verderbten
Pfaffen betrügen zu lassen, gelesen. Natürlich wurde zumeist das
deutsche Nachbarland das Absatzgebiet für ihre Ketzerbriefe. Trotz
der blutigen Kriege, die sie mit deutschen Ländern nicht zu ihrem
Ruhme führten, riefen sie den Deutschen zu: „Wir wünschen,
daß unter uns dieses Rauben, Morden und Blutvergießen auf=
hören und eine heilige und göttliche Einigung hergestellt
würde." So lange freilich die Böhmen diese göttliche Einigung
nicht einmal unter sich zu wege brachten, indem Taboriten und
Utraquisten in wachsendem Haß sich entgegenstanden, konnte man
kaum annehmen, daß andere Völker ihrer Einladung zur Ver=
brüderung Folge leisten würden, selbst abgesehen von ihren feind=
seligen Kriegszügen. Aber diese siegreichen Züge schadeten dem
Hussitentum selbst am meisten, nicht blos, weil sie ihre Sache als
eine entsetzliche „Büberei" erscheinen ließen, sondern auch weil
durch sie der böhmischen Nation die Gelegenheit genommen wurde
zu zeigen, inwieweit die Theorien Hus' sich praktisch verwenden
ließen. Die Störung dieses ruhigen Prozesses fällt nun nicht
lediglich den hussitischen Ideen als Schuld zu, so wenig als der
mörderische Krieg. Denn es muß anerkannt werden, daß „damit

---

[1]) Bezold, z. Geschichte d. Hussitentums S. 111. 112.

der Anfang von den Katholiken und Teutschen in der entſetz=
lichſten Weiſe gemacht" wurde.¹) Die Kurfürſten hielten es
für kriegsrechtlich erlaubt, 1421 dem Kreuzheere den Auftrag
zu geben, „daß man im Lande der Böhmen männiglich todt=
ſchlagen ſolle, ausgenommen die Kinder, die ihre Vernunſt
nicht haben." Dieſer Befehl wurde gewiſſenhaft vollführt.
Nach einem Bericht eines Augenzeugen, des Nürnberger Rats=
freundes, Peter Volckamer, meldet der Nürnberger Rat dem
von Ulm über die Einnahme der Stadt Maſchau²) (4. September
1421) Folgendes: „Und darnach des Morgens fru lüd man die
Büchſen und wollt arbeiten. Do ſie das auf dem Sloß (Schloß)
ſehen, do ruften ſie zuſtund um Frid, alſo griff man zu teibingen,
daß ſie ſich (er)geben." Der Hauptmann auf dem Sloß und acht
mit ihm blieben bei Leben und ſein der Fürſten Gefangen(e),
die andern wurden jämmerlich zu todt geſchlagen und verbrant,
der(en) waren an einem Sail 84. Ein Pfaff und drei fand man
danach im Haus, die wurf man über die Maur aus und wurden
auch verbrant. Item das Fußvolk, das da ausläuft, was nicht
deutſch kann oder einem Böhmen gleich iſt, das wurde gefangen,
zu todt geſchlagen und verbrant." Wenn man ferner die grauen=
haften Thaten in Betracht zieht, welche von den Katholiken in
Kuttenberg, von dem öſterreichiſchen Herzog Albrecht, von den
deutſchen Kreuzfahrern und den Ungarn an den Huſiten verübt
wurden, wenn man ferner bedenkt, daß ſelbſt im größten Sieges=
taumel die Taboriten die Weiber und Kinder verſchonten, „den
Frauen nichts taten", wie ihnen ſogar eine deutſche Chronik be=
zeugt,³), ſo muß man dem böhmiſchen Geſchichtsſchreiber Palaky
zuſtimmen, welcher behauptet, daß die Huſiten ſich in der Regel
menſchlicher benommen hätten. Und ſelbſt wenn der Fanatismus
und die Grauſamkeit ſich auf beiden Seiten die Wage hielt und
die Huſiten ihren Gegnern hierin nichts nachgaben, wird man
das Urteil abgeben müſſen, daß auch die „Büberei und das Un=
gefährd" auf beiden Seiten gleich war. In dieſem Falle hat
wie in ſo manchem andern die geſchichtliche Würdigung nicht die

¹) Bezold, z. Geſch. d Huſitentums S. 102.
²) Deutſche Städtechroniken II, 38.
³) Bezold, a. a. O. S. 20. Thüring. Geſchichtsquellen III, 666.

sogenannten Früchte, sondern die treibenden Ideen auf ihren Gehalt, ihre Wirkungsfähigkeit und Berechtigung zu prüfen.[1]

Hus benützte vor allem den Haß des cechischen Adels gegen das mächtig gewordene deutsche Bürgertum und seine ständigen Rechte in dem Wahn, daß dasselbe am meisten der gedeihlichen Entfaltung der cechischen Nationalität zu blühender Größe hinderlich im wege stehe. Das war sein erster Fehler; denn er verkannte damit die Verdienste, welche das Teutschtum sich um Böhmen erworben hatte. Nicht minder gewichtig erscheint der andere Fehlgriff, daß er bei seinen socialen Reformideen nur auf die Enteignung des kirchlichen Besitzes bedacht war und, um die Aristokratie für sich zu gewinnen, die Vorrechte des Adels in keiner Weise antastete. Auf dieser Grundlage aber konnte thatsächlich eine sociale Reform, welche eine Besserung der Lage der Landbevölkerung bezwecken mußte, nicht erreicht werden. Denn schließlich zog von einer solchen Umgestaltung der Dinge einzig der Adel Nutzen, während der Bauernstand leer ausging und nur seinen Herrn wechselte, ja sogar seine Lage verschlimmert sah, so daß er hinterher „tief und tiefer in den leibeignen Stand herabsank“ und sich nicht einmal mehr des Schutzes der anfangs so gehaßten „deutschen Rechte“ zu erfreuen hatte.[2] Die Keime hiezu lagen schon in den Doktrinen des Hus.

Wiclif[3], dem Hus auch in der Frage über das Eigentum folgte, hatte in seiner Schrift de dominio divino eine ideale Gesellschaftsordnung entworfen, die nach seinen eigenen Worten „in vielen Punkten unverträglich mit dem gegenwärtigen Stande der Gesellschaft“ sei, zugleich aber darauf hingewiesen, daß er praktische Zwecke nicht im Auge habe, und vor einem Mißbrauch

---

[1] Wollte man z. B. von der Grausamkeit der gegen die Böhmen aufgebotenen Kreuzheere einen Schluß auf die christliche Lehre und kirchliche Moral ziehen, so müßte das Urteil vielleicht gerade so über die Kreuzfahrer lauten, wie es Sigmund Meisterlin über die Husiten in seiner Chronik (deutsche Städtechroniken III, 177) ausspricht: „Also großen freien Mutwillen triben die verlornen teuflischen Kint.“

[2] Bezold a. a. O. S. 94.

[3] Bubbensieg, Wiclif S. 141 f. Lechler, Johann von Wiclif ꝛc. I, 597 f.

seiner Sätze nachdrücklich gewarnt. „Aller Besitz beruht allein, sagt er, auf Gnade"[1]). Gott allein sei die Quelle jeden Gutes und er, nicht Kaiser oder Papst teile den Besitz unter seine Gehorsamen aus. Der ungehorsame Todsünder verliert sein Besitzrecht, welches allein in der evangelischen Gerechtigkeit oder Rechtbeschaffenheit (justitia) seinen Grund habe. Ist aber Gott der Herr aller Dinge, so ist das menschliche Besitzrecht keine Herrschaft (dominium), die Gott allein zusteht, sondern nur ein anvertrautes Lehen (ministerium), dessen Verlust durch die Tod= sünde bei Jedem, sei er wer er sei, auch beim Papste, herbeigeführt werde. Wer ist nun berechtigt, dem ungehorsamen Lehensmann sein Eigenthum zu nehmen? Wiclif gesteht dies keineswegs dem Einzelnen zu, sondern die staatlichen Gewalten: König, Par= lament, Synoden und Koncilien haben darüber zu wachen, daß das Lehen nicht in eine Herrschaft, das Ministerium nicht in ein Dominium verwandelt werde. Die Königsgewalt ist ebenso göttlich und heilig, wie die päpstliche und steht über ihr in den weltlichen Dingen: sie hat darüber zu wachen, daß das der Kirche durch fromme Stiftungen anvertraute Gut zum Besten der Kirche und Gemeinde verwendet werde[2]). Wiclif verheimlicht hiebei nicht, daß ihm als das wahre Ideal eines „evangelischen Staatswesens" (politia evangelica) die Gütergemeinschaft vor= schwebe mit Ausschluß jedes Sondereigens — respublica habens omnia in communi —; denn die Reichen versäumen troß der göttlichen Vorschriften ihre Pflichten gegen die Armen. „Christus heißt alle, die es vermögen, arme hungrige Menschen speisen;

---

[1]) Dominion is founded alone in grace.

[2]) Wie Janssen die Dinge nach seinem Sinn zu drehen versteht, beweist er II, 394 A. 1, wo er Wiclifs Theorieen bespricht. Nach ihm lehrt W., weltliche Herren seien nicht blos berechtigt, sondern verpflichtet der Kirche, wenn diese beharrlich fehle (soll das Todsünde wiedergeben?), ihre Güter zu nehmen, Klöster aufzuheben und das Klostergut einzuziehen. Auch seien sie d. h. die weltlichen Herren befugt, Geistliche, welche der Religion Christi sich entfremdet haben, ihres Amtes zu entsetzen. J. verschleiert hier 1) daß Wiclif von einem Einschreiten gegen die Geistlichen nur im Fall einer Todsünde spricht und 2) daß es sich nicht um beliebige „weltliche Herren" beim Einzug des Kirchengutes, sondern um die gottgesetzten Autoritäten (König und Parlament) und um ein geordnetes Verfahren (Synoden) handelt.

der Feind aber und die Seinigen lehren köstliche Feste anstellen....
und die Armen vor Hunger und Elend verderben lassen". Hus
stellt sich auf denselben Boden der Begründung seiner socialen
Anschauungen wie Wiclif, die ihm freilich nicht blos theoretische
Untersuchungen sein sollen. Auch Hus geht von der Todsünde
aus; durch sie verliert sein geistliches Amt und seinen weltlichen
Besitz, wer es auch sei, denn „seine weltliche oder geistliche Herrschaft, sein Amt und seine Würde wird von Gott nicht gebilligt".
Diejenigen „welche ihren Besitz gegen göttliches Gebot verwalten
und gebrauchen, haben kein Recht an diesem Besitz"; „der Besitz
irgend eines Gutes von seiten eines Ungerechten und Gottlosen
(ist) ein Diebstahl und ein Raub". Hus erörtert nun nicht
etwa blos theoretisch, was sich gegen das Kirchengut vorbringen
lasse, sondern er weist auf die Verhältnisse in Böhmen hin und
schuldigt den Klerus an, die Verarmung des Landes durch seinen
großen Besitz herbeigeführt zu haben. Der Klerus, sagt er,
„hat jetzt schon den vierten oder gar den dritten Teil aller
Einkünfte des Königreiches inne und die Gefahr liegt nahe, daß
der sämtliche Besitz sich in Kirchengut umwandle, weil das
keiner Erbteilung unterworfene Vermögen des Klerus von Tag
zu Tag wachsen muß, während das der Weltlichen abnimmt".
Die Ueberhandnahme des kirchlichen Besitzes ruinirt aber auch
den Adel moralisch, „indem die weltlichen Herren verarmen und
gezwungen werden zu Diebstahl, Raub und Bedrückung ihrer
Unterthanen"[1). Brachte es Hus durch diese Darstellung fertig,
auch den Adel als schwer geschädigt hinzustellen und seine Be-
gierde nach dem Kirchengut zu reizen, so mußte der gemeine
Mann darin erst recht ein Grundübel und die Quelle aller
seiner Leiden erblicken. Eine recht drastische Aeußerung der
Taboriten über die Schädlichkeit des kirchlichen Besitzes[2) darf
deshalb hier nicht unterdrückt werden, obwol sie erst einem Mani-
fest aus dem Jahre 1431 entstammt: „Die Priester thun wie
die Hunde; so lange diese den Knochen im Maul haben und
benagen, sind sie still und können nicht bellen; die Könige, Fürsten.

[1) Zöllner a. a. O. 30.

[2) Aus Monum. concil. gener. saec. XV. I, 161 bei Bezold S. 17.

Vogt, Vorgesch. d. Bauernkrieges.   5

Herren und Städte würden daher ein großes Werk der Barm=
herzigkeit thun, wenn sie ihnen den Knochen aus dem Schlunde
zögen, mögen sie auch darüber zornig werden, wie die Hunde
knurren, wenn man ihnen den Knochen nehmen will". Indem
Hus die allgemeinen Sätze Wiclifs verläßt und die Gedanken
ausschließlich auf die Geistlichkeit richtet, hat er auch die Besserung
derselben im Auge gehabt, da sie dann weniger Anlaß zu Stolz,
Uebermut und Ueppigkeit habe. Allein er benahm seinem System
dadurch die Consequenz und, vom sittlichen Standpunkt aus
betrachtet, auch die Gerechtigkeit: die geistlichen trieben es zum
mindesten nicht ärger als die weltlichen Herren, eine Reform
der mittelalterlichen Gesellschaftsordnung mußte die beiden pri=
vilegirten Stände zugleich treffen, nicht einen allein. Die In=
consequenz der Doctrinen Hus' trat auch darin zu Tag, daß er
nicht mit Klarheit aussprach, wem das Urteil über die durch
Todsünde ihres Besitzrechtes verlustig gewordenen zufalle. Wiclif
wies ganz folgerichtig die Entscheidung über diese den weltlichen
Besitzstand betreffenden Fragen der weltlichen Gewalt, dem König
und Parlamente zu; Hus, auf der einen Seite durch die Aus=
nahmsstellung gebunden, welche er dem Adel eingeräumt hatte,
fand auf der andern keinen deckenden Begriff, keine entsprechende
Autorität. So sah er sich gedrängt gleichsam die seiner Lehre
innewohnende Unklarheit selbst einzugestehen, indem er den Richter=
spruch „dem gläubigen Volk" zuwies. Dieses „auserwählte Volk
Gottes" faßte seine Aufgabe aber bald als „Krieg gegen die
Philister". „Der Tag der Rache, von Gott gesendet, sei endlich
gekommen". „Verflucht ist jeder Gläubige, der sein Schwert
vom Blute der Widersacher Christi fern hält, er muß vielmehr
seine Hände in ihrem Blute baden und heiligen"[1]). Es mochte
Hus eine Art theokratischen Staates vorschweben, jedoch ließ er es
selbst an dem Versuche fehlen diesem Gedanken eine klare Gestalt
zu geben. Eine weite Kluft, die kaum zu überbrücken war, zog
sich durch seine Lehre hindurch. Eine radikale und eine gemäßigte
Partei bildeten sich notwendigerweise von Anfang an. Jene,
die Taboriten genannt, suchte im demokratischen Geiste nach einer

---

[1]) Janssen II, 394.

Neuordnung der Dinge, tastete unsicher und ohne bestimmtes Ziel in allen möglichen Projekten, selbst in der Aufrichtung einer völlig communistischen Gesellschaft umher und artete in ihren extremen Elementen bis zu den Greueln der Adamiten aus: die gemäßigte Partei aber brachte es nur zu einigen notdürftigen kirchlichen Reformen. Die Verdrängung des Teutschtums aus Böhmen und die Einziehung des Kirchengutes ausgenommen, haben die beiden Parteien nichts Gemeinsames durchsetzen können. Als schließlich die Revolution ihre eigenen Kinder verzehrte, blieb sonst von ihr nichts wesentliches übrig. Der alte trostlose Zustand kehrte verstärkt wieder zurück. Die bäuerische Bevölkerung, welcher Hus hatte helfen wollen, verfiel einem noch traurigeren Loos wie vorher. Die Leibeigenschaft wurde härter und drückender und der Adel rücksichtsloser als je zuvor. Am Ende des 15. Jahrhunderts entwirft ein böhmischer Schriftsteller[1] folgendes düstere Bild von der Lage des Landvolks: „Aus der Bedrückung mit Robot, einem früher in Böhmen unerhörten Unrecht, entsteht großes Uebel, so daß die Menschen, die solche neue unbarmherzige Lasten nicht ertragen können, ihre Habe verlassen, von ihren Gründen fliehen und nach der Flucht dem Morde, der Brandstiftung und andern Verbrechen sich ergeben, das Land dadurch verödet und Teurung und Hungersnot entstehen, Diebstähle und Mord sich mehren". Andere greifen, sagt er, zu den Waffen, und schon sei es vorgekommen, daß ein Herr von seinen Bauern erschlagen worden sei. An dem Dualismus einerseits, der die socialen Lehren Hus' zerklüftete, und an der Störung durch Kriege andererseits scheiterte das Husitentum. Wissenschaftlich angesehen sind die Lehren des Hus gegenüber denen seines englischen Vorgängers eher ein Rückschritt zu nennen als das Gegenteil. Die Instanz, welche Wiclif für die Reform sich denkt, muß in Böhmen einem so verwirrten Begriffe, wie „das Volk Gottes", Platz machen. Die Unklarheiten seiner Theorie, ihr Mangel an Consequenz konnten nicht etwa bei der Ausführung gebessert oder gehoben werden: sie erschwerten von vorneherein

---

[1] Cornelius Victorin von Všehrd bei Chlumecký: Carl von Zierotin und seine Zeit. S. 39 A. 2. Zöllner a. a. O. S. 63.

5*

die Reform. Sollte irgendwo die mittelalterliche Gesellschaftsordnung verändert werden, so war dies mit nichten auf Grund
der hufitischen Ideen möglich, die selbst einer starken Läuterung
und Klärung bedurften.

Dennoch verschwand, was in Böhmen gesagt und geschehen
war, nicht ohne Wirkung von der Bildfläche. Das Schicksal
Hus' und die Hufitenkriege hatten die Welt zu sehr in Mitleiden-
schaft gesetzt, als daß man achtlos daran hätte vorübergehen
können. War auch der sociale Reformversuch mißglückt, so
konnte man doch demselben seine Berechtigung nicht abstreiten.
Und weil auch in Deutschland dem Bauernstande sein Loos
immer unerträglicher vorkam, weil auch hier die sociale Frage
immer brennender wurde und eine Lösung heischte, deshalb drang
das „böhmische Gift" ohne Zweifel auf vielen Wegen in den
Körper der deutschen Gesellschaft ein. Männer wie der sächsische Geistliche Johann Drändorf und Peter Turnau in Speyer verbreiteten
nachweislich die hufitischen Lehren in Deutschland[1]). Es gab
genug begierige Ohren und empfängliche Herzen, und zwar nicht
allein unter dem Bauernvolke, für das, was aus Böhmen ge-
meldet wurde. Die Klingenberger Chronik[2]) läßt sich darüber
folgendermaßen aus: „Also wurden nun die Böhmen als stark
und als mächtig und ward ihr Uebermut als groß, daß man
sie allenthalben fürchtete und alle frommen Leute sich entsetzten,
daß die Büberei und das Ungefährt in andern Landen auch
aufstände und die Frommen und die Gerechten und die Reichen
drückten. Denn es war ein Lauf für arme üppige Leute, die
nicht arbeiten mochten und doch hoffärtig, üppig und öd waren;
denn man fand viel Leute in allen Landen, die als grob und
schnöd waren und den Böhmen ihrer Ketzerei und ihres Unglaubens gestunden, so sie glimpflichst kounten; und wo sie das
nicht öffentlich zu thun wagten, da thaten sie es heimlich, denn
sie mußten die Frommen und Gerechten fast darin scheuen. Also
hatten die Böhmen viel grober Leute, die ihre heimlichen Gönner

---

[1]) Theolog. Studien u. Kritiken, Jahrgg. 1869. S. 133. Ullmann,
d. Ref. vor d. Reform. I, 311. Haupt a. a. O. S. 32.

[2]) Henne von Saargans S. 198., vergl. Bezold in der Sybel'schen
Zeitschrift S. 16.

waren. — Wie man denn in denselben Zeiten fast geneigt war wider die Pfaffen und es das gemeine Volk desto lieber hörte, hatten sie die Pfaffen zu Wort und wie jedermann mit den andern teilen sollte sein Gut; was auch viel schnöben Leuten wohl gefallen hätte und auch wohl gekommen wäre. Also regte sich der alte Haß, den die Bauern und die Pfaffen zu einander haben". Die husitischen Lehren fielen eben gerade in Deutschland deshalb auf einen wohl vorbereiteten Boden, weil dort seit langen Jahren im Stillen das Waldensertum weite Gebiete ergriffen und die verschiedensten Formen der Ketzerei und Sekten groß gezogen hatte. „Was unmeßlicher Bosheit, Schalckheit, Büberei — sagt ein Bericht des 15. Jahrhunderts[1]) — die Beckgart(en) und Lollhart(en) treiben und die Winkelprediger vor dem Behamer Wald, will ich zu diesem Mal nit von schreiben, denn es bedorft (bedürfte, wäre nötig) meh(r) zu schreiben, denn ein Biblia inhält. Und der Verkehrer und Winkelprediger seint (sind) fast viel vor dem Behamer Walde besonders umb Eger und in der Vogt Lande". „Desgleichen zu Ulme und voraus in dem Schwartz= wald und Wirtenbergischem Lande seint über die Massen viel Lollhart, Beckhart und Begein, von denen man viel Uebels sagt mit Unkeuschheit und ander Büberei zu vollbringen". Im Jahre 1446 verbreitete ein gewaltiger Volksredner, Friedrich Müller, in Neustadt an der Aisch, in Windsheim und Rothenburg, und in der Markgrafschaft Ansbach husitische Lehren mit solchem Erfolge, daß ihm viele Leute zufielen. Als der Bischof von Würzburg gegen ihn einschritt, mußte der Prediger sich flüchten; 130 seiner Anhänger wurden nach Würzburg gebracht und dort zum Widerrufe gezwungen[2]). Solche Bestrafungen einzelner nütz= ten wenig; denn der Verkehr zwischen Böhmen und Deutschland war so rege, daß man allen Verbreitern husitischer Anschauungen nicht auf die Spur kommen konnte. Besonders wurden die böhmischen Soldknechte „Bettler und Buben", welche in den zahlreichen Fehden und Kriegen jener Zeit sich von deutschen

---

[1]) Quellen zur bayer. und deutschen Geschichte II, 109. 111, zu vergl. Haupt die religiösen Sekten in Franken vor der Reformation.

[2]) Hagen, Deutschland's lit. u. religiöse Verhältnisse im Reform. zalter I, 169.

Herren anwerben ließen, die Apostel ihres heimatlichen Evan=
geliums, die Verkündiger des göttlichen Rechts und Ge=
setzes[1]). Es war ihnen nicht schwer gemacht sich Zuhörer zu
verschaffen. Ein pessimistischer Zug hielt alle Gemüter gefangen.
Der Empfindung von der Unhaltbarkeit der Zustände und einer
bevorstehenden Katastrophe begegnet man überall und in den
verschiedensten Formen der Aeußerung. Nikolaus von Cues
spricht sie unverholen aus; das Reich erliege, sagt er, der Selbst=
sucht der Fürsten, die Unterthanen seien mit Lasten überbürdet,
der Arme finde nirgends sein Recht. „Wie die Fürsten das
Reich verschlingen, so verschlingt einst das Volk die Fürsten".
Aehnliche Prophezeinungen gingen in großer Anzahl im Schwange:
Furcht, Erbitterung und Trauer schufen sie. Man sagte und
glaubte, daß der Kaiser Friedrich kommen, dem Regiment der
„Pfaffen" ein Ende machen und dem armen Manne Beistand
thun werde. „Man meint wohl, daß vor dem jüngsten Tage
ein mächtiger Kaiser der Christenheit werden solle, der Frieden
machen werde unter den Fürsten, der werde eine Meerfahrt
machen und das heilige Grab gewinnen. Man nenne ihn Friedrich
um des Friedens willen, den er macht, ob er gleich nicht also
getauft ist". Es geschahen Zeichen und Wunder, die allgemein
geglaubt wurden, von den Gebildeten wie den Ungebildeten.
Besonders verkündeten die Sterne Unheil und Verderben. Ihre
Stellung hatte ja nach der Astrologie entscheidenden Einfluß auf
die menschlichen Geschicke. In Amberg predigte 1439 ein Geist=
licher, daß jetzt der Planet Luna herrsche und in Folge dessen
große Veränderungen eintreten würden; der furchtbare, pfaffen=
feindliche Kaiser Friedrich werde erscheinen und die Dinge der
Welt vollständig umändern: eine Erwartung, die schon 1348
allgemein gehegt wurde[2]). Friedrich, hoffte man schon damals,

---

[1]) Die Böhmen und Strabioten (Albanesen) galten als besonders
brauchbares Kriegsvolk. „Ist ein gut Volk auf die Bauern, — schreibt im
Bauernkrieg der bayrische Kanzler Dr. L. v. Eck seinem Herzog — denn
wollte sich eine Empörung im Fürstentum erheben, ist mit Niemand besser,
denn mit fremden Leuten, als Strabioten und Böhmen zu stillen". Vogt
bayr. Politik S. 396.

[2]) Haupt a. a. O. S. 15.

werde wieder den deutschen Thron besteigen, er werde die Tochter des Armen dem Reichen und die reiche dem Armen geben, er werde Nonnen und Mönche verheiraten, Wittwen, Waisen und Beraubten ihr Gut zurückgeben und allen Menschen zu ihrem Rechte verhelfen. Die Kleriker aber werde er verfolgen. Alle möglichen Gattungen von Schriften, — denn bald zeigte sich die Wirkung der neuen deutschen Kunst, des Bücherdrucks, — trugen derartige Vorherverkündigungen unter das Volk: astrologische Büchlein, Prognostiken, Praktiken und Ephemeriden mit ihrem Wetterkalender.

Da erschien 1476 zum ersten Male eine Schrift im Drucke, die bereits 1438 verfaßt war und deren Inhalt ihr Verfasser auf seinen Wanderzügen durch die deutschen Lande schon mündlich verbreitet hatte. Sie darf als die hauptsächlichste Trägerin und Vermittlerin des husitischen Geistes in Deutschland angesehen werden; man hat sie nicht mit Unrecht die Trompete des Bauernkrieges genannt. Wegen ihrer Bedeutung und Wirkung ist ihr besondere Aufmerksamkeit zu schenken. Nachgewiesenermaßen wurde „Friedrich Reiser's Reformation des Kaisers Sigmund"[1]), so ist die Schrift am besten zu betiteln, im Druck aufgelegt 1476, 1480, 1484, 1490, 1497 und vielfach noch im ersten Viertel des 16. Jahrhunderts. An jenen Volksglauben von der Ankunft eines friedenstiftenden Kaisers knüpfte der Verfasser seine Schrift an; Sigmund ist der erwartete Erneurer des geistlichen und weltlichen Standes und die Schrift „Reformation" sein Programm. Nichts bezeugt die gesamte Stimmung der Zeit mehr, als daß man an der Echtheit der Reformation Sigmunds nicht den mindesten Zweifel hegte und daß dieselbe auch im sechzehnten Jahrhundert, den bekannten Cochläus abgerechnet, keinerlei Anfechtung erlitt, obwohl doch schon Trithemius an ihr aussetzte, daß sie eines Husiten würdiger sei, als eines

---

[1]) Böhm D., F. R. Reform. d. K. Sigmund. Die Autorschaft Reiser's wird entgegen der Ansicht Böhm's in der Jenaer Litteratur-Zeitung 1876, S. 792 stark in Zweifel gezogen. Ich kann mich bis jetzt nicht davon überzeugen, daß Böhm's Meinung unhaltbar sei; behalte mir aber eine eingehende Besprechung der Sache an einem andern Orte vor. Auch Haupt a. a. O. S. 44 nennt einfach Reiser den Verfasser der Schrift.

Christen; gegen die Geistlichkeit herrsche kein aufrichtiger Sinn darin; sie empfehle mehr, was dazu diene, die Kirche und den gesamten Klerus zu vertilgen, als sie zu reformieren. Zweifellos legte sie das Messer schonungslos an, die Schäden der Kirche auszuschneiden; aber sie begnügte sich damit nicht. Auch was am weltlichen Stand d. h. an der Gesamtheit der Stände vom obersten bis zum untersten herab mangelhaft ist, muß gebessert werden: nicht mit kleinen Mittelchen, sondern mit radikalen Heilmitteln, welche die Uebel bei ihrer Wurzel angreifen. Was Concilien und Reichstage nicht zu wege gebracht haben, das bringt die „Reformation" zu stande mit einem Schlag. Es kann nicht bestritten werden, daß sie von taboritischen Lehrmeinungen, hauptsächlich soweit es sich um das sociale und politische Gebiet handelt, ihren Ausgangspunkt nimmt, während sie in kirchlichen Dingen sich vom böhmischen Radikalismus frei erhält; aber sie wahrt sich ihre Selbständigkeit doch überall, auch der Kirche und dem Klerus gegenüber. Die ganze Schrift zeugt von vertrauter Kenntnis der bestehenden Verhältnisse; ihr Verfasser ist ein erfahrener Mann, den das Leben viel umgetrieben hat: er weiß, wie es steht und was er will. Schon daß er eine durchgreifende Scheidung zwischen Geistlichem und Weltlichem verlangt, legt einen unanfechtbaren Beweis von seiner Einsicht ab. Friedrich Reiser, der Verfasser dieser Schrift, war ein geborener Schwabe. Sein Vater gehörte sicherlich zu der im südlichen Deutschland weit verbreiteten Sekte der „Winkeler", d. i. der deutschen Waldenser, mit deren Lehren er seinen Sohn, als er siebzehn Jahre alt war, bekannt machte und ihn zum Verbreiter derselben bestimmte. Aeußerlich ergriff er den Beruf eines Kaufmanns in einem Nürnberger Haus, wo er mit dem bekannten Prager Magister Peter Payne, der „schon damals die Herstellung einer Union zwischen den Husiten und deutschen Waldensern eifrig betrieb", zusammentraf und von ihm als Lehrer durch den Genuß des Abendmahls förmlich geweiht wurde. Von nun an trieb er sein doppeltes Geschäft als Kaufmann und Lehrer in der Schweiz und verschiedenen Gegenden Deutschlands, bis er im Jahre 1430 einen Gesinnungsgenossen, Johannes von Plauen, suchend, der in böhmische Gefangenschaft geraten war, von den Husiten selbst gefangen genommen wurde. Während seines Aufenthaltes in Böhmen wurde er zum Priester geweiht und folgte im Jahre 1433 den Gesandten der Husiten zum Concil nach Basel. Nach Böhmen zurückgekehrt fand er einen Wirkungskreis in dem Städtchen Landscron; er habe, sagt er, „den Leuten das Sakrament geben und die Hostien gesegnet nach seiner Gewonheit und er sei mehr denn ein Jahr da gewesen". Abermals begab er sich dann zu längerem Aufenthalte nach Basel, zog dann nach Straßburg durch Schwaben, nach Franken, überall bestrebt sich mit seinen Gesinnungsgenossen ins Benehmen zu setzen, die kleinen Häuslein derselben zu Gemeinden zu sammeln und sie in Verbindung mit der taboritischen Kirche in Böhmen zu bringen. Er war auf seinen Wanderzügen zu der festen Ueberzeugung gekommen, daß nur durch eine solche Vereinigung das deutsche Waldensertum zu gedeihlicher Blüte sich entfalten könne. Es wird daher wohl auch seiner Anregung zuzuschreiben sein, daß in Tabor die Aufstellung einer Anzahl von Wander= oder Reiseprediger beschlossen wurde, über die vier Bischöfe die Aufsicht führen sollten. Ihm selbst wurde die oberste Leitung der waldensischen Kirche anvertraut; er führte deshalb den Titel: Friedrich, von Gottes Gnaden Bischof der Gläubigen in der römischen Kirche, welche die Schenkung Constantins verwerfen[1]). Seine Organisationsentwürfe in dieser Hinsicht führten trotz seiner unermüdlichen Thätigkeit aus verschiedenen Ursachen zu keinem günstigen Resultat. Im Jahre 1457 fiel er den Ketzerrichtern zu Straßburg in die Hände, die ihn grausam processierten und zuletzt verbrannten. Im wesentlichen enthält wohl seine Schrift die Lehren, welche er als Wanderprediger auf seinen Reisen mündlich ausgebreitet hatte; so wurde der Inhalt derselben nicht erst bekannt, als sie durch den Druck veröffentlicht wurde, ein Umstand, der nicht übersehen werden darf. Ihre Wirkung aber beruht vor Allem darin, daß eine Reform des Verhältnisses zwischen Staat und Kirche in keiner andern Richtung denkbar erschien, als sie Reiser verlangte, und daß gerade Kaiser Sigmund ähnliche Reformpläne gehegt hat[2]).

---

[1]) Haupt a. o. C. S. 46.
[2]) Böhm a. a. C. S. 113.

Der Name des Kaisers, unbedenklich als authentisch hingenommen, verlieh dem Schriftstück ein außerordentliches Gewicht und benahm demselben den Makel taboritischer Ketzerei: das erste, weil die Reform auf unmittelbare göttliche Eingebung und Erweckung hin erfolgte, denn im Traum hatte Sigmund eine Stimme vernommen, die zu ihm sprach: „Sigmund, stand (steh') auf, bekenn' Gott, bereit' einen Weg der göttlichen Ordnung"; das zweite aber, weil sich die „Reformation" von jedem Uebergriff auf das kirchliche Lehrgebiet vollständig frei hielt. An allen Stellen, wo die „Reformation" ansetzte, waren es thatsächliche Verhältnisse, welche dringend einer Verbesserung bedurften. Es wurden nicht neue Fragen aufgeworfen, sondern längst gestellte beantwortet, Fragen, welche auch der gemeine Mann bestens kannte. Er mußte dazu diese „Reformation" um so leichter verstehen, als sie durchweg volkstümlich geschrieben war.

Es kann nun nicht unsere Aufgabe sein den gesamten Inhalt der umfangreichen Schrift zu skizzieren; dagegen haben wir den Geist derselben zu zeichnen und diejenigen Partien namentlich hervorzuheben, welche sich auf die sociale Frage beziehen. Der Verfasser geht von dem Grundgedanken aus, daß eine neue Ordnung unabweisbar notwendig ist. „Gehorsamkeit ist todt; Gerechtigkeit leidet Not; nichts stat (steht) in seiner rechten Ordnung". „Man soll wissen, daß es nit mehr wohl gehen mag, man habe denn eine rechte Ordnung des geistlichen und weltlichen Standes". „Die Häupter sind alle in die Gruben gefallen mit dem Unrecht". „Das Haupt ist zu krank, die geistlichen und weltlichen Häupter lassen fallen, was ihnen von Gott empfohlen ist". Dem Kaiser haben die Fürsten die Macht genommen, so daß er nichts auszurichten vermag: alle Hoffnung steht daher auf dem Bürgertum, auf „den Reichsstädten: wann die schliefen und nit wacheten, so wär die Christenheit Gottes und aller seiner Gnaden entfremdet". Die Reichsstädte werden sich dieser hohen Pflicht nicht entziehen; aber wenn dies der Fall sein sollte, wenn sie die Gebrechen in ihrer eigenen Mitte nicht abschaffen, die Vorrechte Einzelner nicht aufheben werden, so muß sich die Gemeine ins Mittel schlagen. „Ich mein wohl, wollten Herren und Reichsstädt nicht darzu thun, man sände getreu Christen in der Gemeine". „Wenn die Großen schlafen, so müssen die Kleinen wachen, daß es doch je gehen muß". „Greif es mit der Gemein an, und kecklich ohn' alles Ablau (Ablassen, Unterlassen)".

Die Notwendigkeit der neuen Ordnung bedingt auch die rücksichtslose Einführung derselben, wer sich ihr widersetzt, wird ohne Schonung gerichtet. Solche Strenge ist ein verdienstliches Werk. „Es soll auch ein jeglicher Fürst oder Herr, Land oder Stadt diese Ordnung... lassen abschreiben umb das, daß die Presten (Gebrechen) verhütet mögen werden, ob Jemand ungehorsam wäre. Wo sich das fände, es wäre an geistlichem oder an weltlichem Stand oder an weltlichen Häuptern, so soll sein Leib männiglich empfohlen sein und sein Gut anzugreifen und abzunehmen von der Welt. Denn die Ungehorsamen sind Gott nit nutz. Sind sie aber geistliche Häupter, so soll man sie aber berauben ihrer Pfründen, und umb die Aempter kommen sein, es seien auch Bischof, Doctores oder Priester. Sind es Klöster, so soll man sie zerstören ganz und gar". „Da dienet man auch Gott an (damit), daß man sie vertreibt und abthut".

Nach dem Grundsatze: „Es soll sich lauter in allweg scheiden das geistlich und weltlich", wird der gesamte geistliche Stand vom Papst bis zum Gemeindegeistlichen herab reformirt und zwar so, daß die weltliche Herrschaft des Klerus durchweg aufgehoben, derselbe mit einem festen Gehalt bedacht und auf die strenge Ausübung des geistlichen Berufs angewiesen wird. „Man soll auch wissen, daß es notturftig ist von den Bischöfen und Aebten und den geistlichen Häuptern, daß sie kein Schloß, Feste noch Städt, Zwing (Gebiet) noch Bann nicht haben sollen noch recht ist. Sie sollen alle stehen und fallen auf einen römischen König zu dem Reich; der soll sie zu Lehen machen Herren, Rittern und Knechten und Reichsstädten, daß sie dem Reich beiständig seien". „Die Bischof dürfen keine Steuer mehr nehmen, sie dürfen nit mehr kriegen mit keinem; die Lehen von ihnen gehabt haben, sollen nun dem Reich mit ihrem Lehen gehorsam sein; Bischof sollen Gott dienen". Der Verfasser tritt im weiteren durchgehends für eine ernste Auffassung des geistlichen Amtes und für wahrhaft christliches Leben des Klerus ein.

Den Orden ist er im Ganzen wenig günstig gesinnt. Am liebsten sähe er ihre Abschaffung: „man thu sie gleich ab, das ist nit wider Gott". Je tiefer er das geistliche Amt aufgefaßt wissen will, um so mehr sucht er die Geistlichkeit von Allem, was welt= lich heißt, zu trennen. Müßiggang und sinnlicher Genuß sind ihm ein Greuel, sie schicken sich für den Geistlichen nicht. Im Dienste Gottes und seines Amtes soll jeder seine Kräfte brauchen. Das ihm anvertraute Amt soll jeder selbst verwalten. Die Pfründenhäufung ist durchaus verboten. Ordensklerifer sollen weder Bischöfe noch Päpste werden können. Die simonistische Aemtervergebung ist eine grobe Sünde; sie führt unfähige und schädliche Menschen ins geistliche Amt: „die haben nun das Evangeli nit können predigen, noch die Sakrament der Kirchen beschicken noch beordnen. Darumb ist an viel Stätten ketzerlicher Glaub aufgestanden". „O ihr edlen Christen, gedenket dies für= zusehen, daß man Niemand mehr laß denn eine Pfründe, und daß auch die verdienet werd". Bis ins Einzelnste verfolgt die „Reformation" die Pflichten des Klerus. Ausschließlich auf das rein Geistliche und Kirchliche wird er verwiesen. Dagegen spricht die „Reformation" den eigentlichen Besitz ir= dischen Gutes lediglich dem weltlichen Stand, den Nichtklerifern zu. Sie allein sollen erwerben und besitzen. Die Form auch dieser Gesellschaftsordnung ist das Lehenssystem. Vom Kaiser geht die Uebertragung der Lehen aus; es bleiben Grafen, Ritter, Reichsstände und Unterthanen bestehen; ob auch die Fürsten, darüber ist eigentlich nichts gesagt. Aber an dem Lehenssystem soll alles Mißbräuchliche und Maßlose beseitigt, in erster Linie die Leibeigenschaft, aufgehoben werden. Die Freiheit für Jeder= mann ist das Grundprinzip. „Es ist eine ungehörte Sach, daß man es in der heiligen Christenheit öffnen (offenbaren) muß das große Unrecht, so gar fürgeht, daß einer so geherzt ist vor Gott, daß er gedar (wagt) sprechen zu Einem: Du bist mein eigen. Denn gedenkt man, daß unser Herr Gott so schwerlich mit seinem Tod und seinen Wunden um unsertwillen williglich gelitten hat umb das, daß er uns freiet und von allen Banden löset und hierinnen Niemand füro(hin) erhebt (erhöhet) ist einer für den andern, denn wir in gleichem Stand (sind) in der

Erlösung und Freiheit, er sei edel oder unedel, reich oder arm, groß oder klein. Wer getauft ist und glaubt, die sind in (zu) Christo Jesu Glieder gezählt. Darum wisse Jedermann, wer der ist, der seinen Mitchristen eigen spricht, daß der nit Christi ist und ist Christi wider und sind alle Gebot Gottes an ihm verloren". Daß auch Klöster eigene Leute genommen haben, muß ihnen als eine besonders große Sünde angerechnet werden und ist nicht länger zu dulden. Den Adeligen, welcher seinen Leibeignen die Freiheit nicht wiedergeben will, soll man „abnehmen und ganz abthun; ist es aber ein Kloster, das nicht ganz absteht, so soll man es ganz und gar zerstören; das ist göttlich Werk". „Man soll es nit mehr vertragen noch leiden an Niemand weder an Geistlichen noch an Weltlichen. Lasset uns unsers Frommen wahrnehmen und unser großen Freiheit leben". Auch die übermäßige Belastung des Bodens mit Zinsen ist eine Sünde. Alles, was der Bauersmann mit seinem Vieh bebaut, ist mit Zinsen überladen. Wunne, Weide und Holz sind verbannet"[1]). „Man soll aber wissen, daß man weder Holz noch Feld in keinen Bann legen soll". „Item man verbannt auch die Wasser, die ihren Gang müssen haben, die allen Ländern dienen, und es Niemand wenden mag noch kann, als es Gott geordnet hat. Die sollen nun freistehen". Es ist notwendig, daß die Bauern von diesen Lasten befreit werden; denn, man lebt doch ihrer Arbeit. Denn ohne sie mag Niemand bestehen". „Aber, es ist leider dazu kommen, mocht (vermöchte) man das ganz Erdreich zwingen und die Wasser, man zwänge sie. Nun sehen wir wohl, wie es Gott geordnet hat, das hält man nit, und sind dawider. Es sollten schier unvernünftig Tiere über uns schreien und rufen: frommen und getreuen Christen, lasset euch zu Herzen gehen alles groß Unrecht, während es an der Zeit ist, ehe daß es Gott schwerlich räche".

Wie mit den Zinsen, steht es auch mit den Zöllen. Man weiß, „daß alle Lande schwerlich übersetzet sind mit Zöllen. In

---

[1]) d. h. der freie allgemeine Gebrauch ist ausgeschlossen, die Benutzung nur gegen Vergütung gestattet.

jeglicher Stätten (an j. Ort) ist schier ein Zoll". Die Zölle sind die berechtigten Abgaben für Weg und Brückenbau; alles andere ist Unrecht und Mißbrauch, „ist Wucher". „Nun nehmen Geistlich und Weltlich unmäßig Zoll wider Gott dennoch freventlich". Wer Zoll einnimmt ohne zum angegebenen Zwecke, ist „ein offener Sünder und Wucherer". Zwei Drittel davon soll man abthun; es genügt ein Drittel. Will ihn dennoch ein Herr mit Gewalt erzwingen, „so mag ihn jedermann angreifen und (soll ihm) erlaubt sein das seine"; den Geistlichen aber soll man das Zollrecht überhaupt nehmen und der nächstgelegenen Reichsstadt geben „an des Reiches Statt, denn all Zoll soll das Reich versorgen", auch die Herren haben ihn nur vom Reich „lehenweiß".

Mit den Privilegien sucht die Reformation überhaupt möglichst aufzuräumen. Sie sind meistenteils dem Gemeinwohl nicht zuträglich. Jeder aber soll, so gut es geht, zu seinem Rechte kommen. In Stadt und Land soll jeder „sein eigenes Gewerb und Handwerk treiben". „Es sind die Handwerk darum erdacht, daß Jederman sein täglich Brod damit gewinn, und soll Niemand dem andern greifen in sein Handwerk". „Ist einer ein Weinmann, so geh' (er) damit um und treib kein Ding darzu. Ist er ein Brodbäck, dasselbe". „Ein Baumann soll seinen Acker bauen, ein Rebmann seinen Weingarten". Das ist es, „was kaiserliches Recht gebietet, — unsere Vordern sind nit Narren gewesen".

Wenn die Kaufleute die Preise der Waren, die sie einführen, zu ihrem eigenen Vorteil und zum Schaden des gemeinen Mannes untereinander ausmachen, so muß das in Zukunft durch obrigkeitliche Taxierung verhindert werden. Auch die großen Handelsgesellschaften in den Städten müssen „gebrochen" werden, denn sie kommen „aller Gemein in den Städten und auf dem Land übel". Durch sie werden die Preise nach ihrem Belieben und zu ihrem Nutzen verteuert: diese „Aufsätze" thun aber „allen Landen weh". Aus dem gleichen Grund kann „das Fürkaufen" nicht mehr gestattet sein; dadurch schlägt man „ungewöhnlich Gewinn" auf das zum Leben Notwendige und „bringet den armen Mann". Wer durch den Fürkauf seinen Nächsten wissentlich und abſichtlich „ſchätzt", bricht „das Gebot Gottes, uud iſt eine Todſünde". Deshalb ſoll auch der Preis der Lebensmittel durch weiſe und fromme Männer, welche eiblich zu verpflichten ſind, feſtgeſetzt werden, alſo von „Korn und Wein und alle ander Ding, das äſſig (etzbar) ſei; daß der Baumann (Bauer) und Rebmann (Winzer) beſtehen mögen bei ihrer Arbeit und jeder Haudwerksmann bei ſeinem Lohn beſtehen mag", dem letzteren ſoll ebenfalls für ſeine Arbeit der Lohn „geſetzt" werden.

Auch über das Münz-, Paß-, Gerichts- und Notariatsweſen verbreitet ſich „die Reformation". Schuldner dürfen nicht mit kirchlichen Strafen der Schulden halber belegt werden. „Man ſoll Niemand bannen um Geldſchuld"[1]). Dem Banne verfallen Kirchenräuber, offene Wucherer, Ehebrecher und Gottesläſterer. Alle dieſe Dinge haben das Abſehen, dem gemeinen Manne das Daſein zu erleichtern; überall befand er ſich bisher im Nachteil. Selbſt in den Reichsſtädten, auf welche der Reformer doch große Stücke hält, iſt nicht Alles in der rechten Ordnung. Beſonders findet das Zunftweſen keine Gnade vor ihm, es iſt eine Bevorrechtung, ein Privilegium: una parcialitas nennt er es, „und nit ein rechte Gemeinſamkeit". Eine Zunft hilft der andern; „damit iſt dann die Gemein betrogen". Aber nach dem Recht ſoll „Jedermann dem andern gleich ſein".

Die Gleichheit und Freiheit iſt nach der „Reformation" die einzig berechtigte Form des Daſeins, Frieden und Glückſeligkeit ſchon hier auf Erden ihr Ziel. Friedrich ſoll der König genannt werden, weil er „reichlich alle Land zu Frieden ſetzt." In dieſem Friedensreiche iſt die „Freiheit groß", Glaube und Liebe ſteht recht in allen Punkten. Den „gewaltigen Häuptern" iſt die Kraft genommen. Die Menſchheit genießt die Freiheit, die ihr Chriſtus „aus väterlicher Weisheit zugeſetzt" hat. „Das ewige

---

[1]) Dieſer Mißbrauch kirchlicher Strafen zu unkirchlichen Zwecken treibt auch den Memminger Bürger Sebaſtian Lotzer, der zu den berühmten 12 Bauernartikeln in einem ſehr nahen Verhältnis ſteht, in ſeinem „Beſchirm-büchlein auf 31 Artikel" (1524) im 15. Artikel zu der mit Reiſer faſt wörtlich übereinſtimmenden Forderung: „Man ſollt Niemand um Geldſchuld bannen, nur allein in öffentlichen Sünden." Vergl. hierüber meinen Aufſatz in Zeit-ſchrift f. kirchl. Wiſſenſchaft und kirchl. Leben. Jahrg. 1885 S. 483.

Leben liegt vor uns. Wer nun nicht ermahnt sein will, der heißt billig nit ein Christ; der soll wissen, daß ihm die Hölle offen ist. Darumb edlen, freien Christen thut darzu, als (in dem Maß als) wir gern wollten kommen zur ewigen Ruh."

So weit im wesentlichen der Inhalt der Schrift Friedrich Reiser's, die trotz einzelner Abweichungen sich in der Sphäre der husitischen Gedankenwelt bewegt, was durch den Aufenthalt des Verfassers in Böhmen ja schon äußerlich nahe gelegt ist. Husitisch ist vor Allem der Radikalismus der nationalökonomischen Forderungen in Bezug auf die Einziehung des Kirchengutes; husitisch die Connivenz, mit welcher Stellung und Besitz des Adels behandelt wird; husitisch ist der demokratische Zug, der in letzter Instanz die Ausführung dieser neuen Ordnung von der „Gemeine" erwartet; husitisch endlich der Appell an die Gewalt und die mystische Vorstellung, daß der Gebrauch der Gewalt, wenn es die Notwendigkeit erheischt, ein Gott wohlgefälliges Werk, ein Gottesdienst sei. So läuft auch diese Reformation schließlich auf einen Vernichtungskrieg des Bestehenden hinaus, obwohl der Verfasser sich enthält diese Consequenz offen auszusprechen. Die verschiedenen Gründe, welche den Verfasser veranlaßten seine Schrift bei Lebzeiten nicht öffentlich ausgehen zu lassen, leuchten von selbst ein. Er brauchte dies nicht zu thun, so lange er selbst der lebendige Träger und Vermittler seiner Ideen war und sie tagtäglich und an vielen Orten im persönlichen Verkehr ausbreitete. Als ein Zeichen von dem nachhaltigen Eindrucke dieser Lehren wird der Umstand neben anderm zu betrachten sein, daß sie nach dem Tod Friedrich Reiser's gedruckt, vielfach aufgelegt und gelesen wurden. So setzte sich die Wirkung, man darf sagen, fast ein ganzes Jahrhundert ununterbrochen fort.

Man wird also bekennen müssen, daß dem husitischen Geist eine wesentliche Beeinflußung der öffentlichen Meinung in Deutschland zuzuschreiben ist. Zu diesen mystisch-religiösen Vorstellungen trat noch um so wirksamer, weil sich Gegensätze gern ergänzen und berühren, eine nüchterne und praktische Anreizung hinzu: die Erinnerung an die ruhmwürdigen Kämpfe der Schweizer um Recht und Freiheit, an ihre glänzenden Siege, die sie über ihre Bedrücker im vierzehnten Jahrhundert davon getragen hatten.

Zunächst und zumeist zeigte das sich naturgemäß im deutschen Südwesten, der überhaupt in wirtschaftlicher und kultureller Beziehung der entwickeltste Teil Deutschlands damals war: man denke nur z. B. an den lebhaften Verkehr mit Italien.[1]) Indessen blieb dies Beispiel auch in weiteren Kreisen durchaus nicht unbeachtet. Vielmehr darf man sagen: die Husiten auf der einen Seite als Vorkämpfer der religiösen und socialen Freiheit, die Schweizer auf der andern als die Vorkämpfer der politischen Freiheit standen dem deutschen Bürger- und Bauernvolk als lebendige Vorbilder stets vor der Seele. Deshalb wurden die beiden Namen Schlagwörter, in denen der gemeine Mann kurz und bündig sein ganzes Dichten und Trachten zusammenfaßte. Besser wußte er seine Stimmung nicht auszudrücken, als indem er auf das hinwies, was in der Schweiz und in Böhmen geschehen war. Dem Abte Trithiems sagte einmal ein Bauer[2]): „Was man Alles, wenn man den Bundschuh aufwirft, gewinnen kann, muß das Glück lehren; zum wenigsten aber müssen wir frei sein wie die Schweizer und auch in geistlichen Dingen mitregieren wie die Husiten.“ Man deutete sprichwörtlich, was man von der Zukunft erwartete, z. B. dadurch an, daß man sagte, diese oder jene Gegend, etwa der Schwanberg, werde „bald in der Schweiz“ liegen,[3]) d. i. „ganz Deuschland wird Schweiz werden,“ „denn ein gemein Gerücht ist selten erlogen.“ Als die Kärnthner und Ennsthaler Bauern sich wider ihre Herren verbündeten, war nach dem Bericht eines Chronisten[4]) „die gemain Sag, sy wolten sich nach der treulosen Swentzer Gewonhayten halten.“ Die Unterthanen des Bistums Speyer, unzufrieden mit ihrer Lage, drohten, sie wollten Schweizer sein. Auch bei den oberen Ständen wurde Schweizerart ein Stichwort, mit dem man die Neuerungssucht, das Freiheitsgelüste, den Trieb nach Selbstständigkeit im Bürger- und Bauernstande verschrie, verhöhnte oder auch fürchtete. Der Begriff Schweiz bezeichnete ihnen einen politischen und socialen Zustand, den man in Deutschland nimmermehr aufkommen lassen

---

[1]) Roscher, Nationlökonomik S. 27.
[2]) Janssen II, 399.
[3]) Agrikola, Sprichwörter S. 214. Nr. 389.
[4]) Hahn, collect. monument. tom. I, 634.

dürfe. So steht z. B. die aufstrebende Reichsstadt Nürnberg bei dem Markgrafen von Ansbach im Geruche der Schweizerei. Der Hochmut dieser „dummen stolzen Bauern und Feigensäcke" sei überaus groß geworden; der Markgraf, feuert ihn ein anonymer Dichter[1]) an, würde sich ein Verdienst erwerben, wenn er sie in einem Kriegszuge seine starke Hand fühlen lasse:

> „Ihr seid desto höher zu schätzen,
> Wo ihr sie über die Rüssel schlagt
> Und sie euch unterthänig macht.
> Es werden sunst ganz Schweizer daraus!"

Es genügte, von Unterthanen, gleichviel ob mit Recht oder Unrecht, dies landläufige Schlagwort zu gebrauchen, wenn man sie in den Verdacht zu bringen suchte, als wollten sie sich ihrer Pflichten oder gar ihrer Herren entledigen. Die Bewohner des fränkischen Fleckens Heidingsfeld wurden auf diese Weise bezichtigt, als sie einen Herrn von Gutenstein gefangen nahmen:[2])

> „Der Schweizer Art will sich regen
> Und die Böswicht erwegen
> Gegen ihren Herrn empören;
> Ist Schand von Franken zu hören,
> Die man hat vorher geehrt!
> Helft ihr Herrn, daß es werd gewehrt.
> Und nähet es zu rechter Zeit,
> Eh' das Loch werd zu weit."

Ohne Zweifel bemächtigte sich mehr und mehr der Masse des niedrigen Volks ein Geist, welcher den bestehenden Einrichtungen in Staat, Kirche und Gesellschaft sehr feindselig gesinnt war. Die drohende Gefahr bestand darin, daß es sich nicht etwa blos um demagogische Hetzereien handelte, welche da und dort ein williges Ohr fanden, sondern daß in der That die Stellung des Bauernstandes auf keiner festen und gesunden Grundlage mehr beruhte und daher die Unzufriedenheit nicht erst mit künstlichen Mitteln hervorgerufen werden mußte. Die herrschenden Klassen hatten aber keinen Sinn für die Leiden und Lasten der Masse. Man spürte und sah den wachsenden Groll

---

[1]) Liliencron, hist. Volkslieder II, 335.
[2]) Liliencron a. a. O. S. 360 u. d. Einleitung.

und Zorn derselben, wußte aber von keinem anderen Mittel, das Uebel zu beseitigen, als von Gewalt und Zwang. Es war ein ganz richtiges Gefühl, daß Friedrich Reiser die Reformation dem Kaiser zuschob; aber weder Sigmund, noch viel weniger der lässige Friedrich empfanden die Pflicht in ihrem vollen Umfang, dem unabwendbar drohenden Verderben gewissenhaft zu steuern. Man ließ die Dinge ihren Weg gehen. Die Spannung im ganzen Körper des Reichs mehrte sich zusehends, der Druck von oben blieb nicht unerwidert. In einzelnen Gegenden ließ sich der Bauernstand schon seit den dreißiger Jahren des fünfzehnten Jahrhunderts hinreißen zur Selbsthilfe zu greifen, um lokale Uebelstände abzuwenden. Allein aus der Summe dieser lokalen Uebelstände setzte sich der ganze Notstand zusammen; es zeigte sich, daß in den meisten Fällen eine allgemeine Beschwerde war, was am einzelnen Ort zur gewaltthätigen Abwehr getrieben hatte. So verbreiteten diese Aufstände im Kleinen das Bewußtsein der gleichen Not im ganzen Bauernstand. Zugleich ließen diese Erhebungen nicht nur ein schließliche furchtbare Katastrophe vorausahnen, sondern sie bewiesen schon mit entsetzlicher Deutlichkeit, daß die sociale Frage kaum auf friedlichem Wege gelöst werden könne. Reformversuche, Forderungen, Programme gehen diesen Gewaltthätigkeiten stets voraus, manchmal nur in der Form eines Schlagwortes oder in der Gestalt eines sichtbaren Bildes. Auch insofern zeigen sie eine Entwickelung, die lehrreich ist. Wir ersehen aus den Absichten, um derentwillen die Waffen erhoben wurden und Rottirungen stattfanden, wie weit die sociale Frage theoretisch gediehen war; wir erkennen, in welcher Richtung nach der Meinung der Masse oder wenigstens ihrer Führer sich die Reform der Agrarverhältnisse zu vollziehen habe. Am besten wird sein, bei Betrachtung dieser Vorspiele des großen Bauernkrieges einfach die Zeitfolge einzuhalten.

———

Viertes Kapitel.

Die Vorspiele des Bauernkrieges.

1. Die ersten Tumulte.

Als die erste größere Bauernerhebung, die mit Recht als das früheste Vorspiel des großen Bauernkriegs aufgefaßt wurde, ist der Angriff des rheinischen Landvolks auf die Stadt Worms zu nennen.[1]) Er galt namentlich den Juden, welchen die Bauern dieser Landesart sehr verschuldet gewesen zu sein scheinen. Am 20. Dezember 1431 erschien ein gewaltiger, mit Spießen und Armbrust bewaffneter Bauernhaufe vor der Stadt Worms. Sie führten ein Panier mit dem Bilde des Gekreuzigten und mochten etwa 3000 Mann stark sein. Zwei Adelige, ein Ritter Wernherr Wunher und Konrad von Rotenstein, — auch ein Siegfried vom Stein wird genannt — hatten dem Anscheine nach sogar das Amt der Führerschaft übernommen. Als sie dem Rat der Stadt durch Gesandte entbieten ließen, er solle ihnen die Juden ausliefern, wandte dieser sich an Speier und den Kurfürsten Ludwig zu Heidelberg, dessen Unterthanen die rebellischen Bauern waren. Dieselben wurden nun zwar zur Heimkehr bewogen, rottirten sich

---

[1]) Zeitschrift f. Gesch. des Oberrheins Bd. 27, 159—149 (Bezold). Wenn Janssen in seiner bekannten Manier, Alles auf die Ketzerei zurückzuführen, den Angriff als eine unmittelbare Folge der hussitischen Wirksamkeit des Johannes von Drändorf hinstellt (II, 398), so fehlt hierfür ein sicherer Anhaltspunkt. In den 18 ketzerischen Artikeln desselben werden lediglich kirchliche Punkte besprochen, höchstens den 4. Artikel ausgenommen, in welchem er die weltliche Herrschaft der Geistlichen schlechtweg verwirft. Von den Juden ist darin mit keinem Wort die Rede.

aber bald wieder zusammen, forderten sogar im weiteren Kreis zum Beitritt auf und drohten der Stadt ihren Willen abzunötigen, selbst wenn sie darüber Not und Tod leiden würden. Die Wormser erschracken auf das höchste und fürchteten nicht blos für die Juden, sondern für sich selbst und ihre Gerechtsame. Städtetage und Verhandlungen zogen die Sache bis ins nächste Jahr (1433) hin, wo eine Vergleichung eintrat. Angesichts der Husitenkriege mit ihren Greueln erregte dieser bewaffnete Aufstand überall Entsetzen. Man fürchtete ähnliches Unheil in Deutschland, wie es eben in Böhmen angerichtet worden war, daß nämlich dieses Unwesen, wenn man nicht bei Zeiten vorbeuge, „der Christenheit, der Geistlichkeit, dem Adel und männiglich" großen Schaden bringen werde. „Wenn das Conzil (zu Basel) nicht Vorsorge trifft, so ist zu befürchten, daß alle diese deutsche Bauern die Partei der Husiten ergreifen werden." Mit andern Worten: man traute schon damals, — was sehr beachtenswert ist — dem deutschen Bauernstande die Fähigkeit zu, sich ganz und gar dem Communismus zu ergeben, dessen Hauptangriff sich je und je gegen alles, was Vermögen besitzt, zu wenden pflegt. Aus diesem Grunde betrachteten gerade die reichen Städte diese Bewegung mit mißtrauischen Blicken. Die Stadt Ulm, damals der Vorort „der Vereinigung (der Städte) in Schwaben," schrieb auf die erste Nachricht von dem Tumult an den Rat der Stadt zu Speier, was es mit der „Versammlung, die um Worms entstanden sei", für eine Bewandtnis habe. Als von dort und von Worms nur die Antwort einlief, es sei eine gegen die Juden gerichtete Bewegung der Rheinbauern, ließen sich die Ulmer dadurch keineswegs beruhigen. Ihnen kam die Sache durchaus nicht so einfach vor. Sie wollten es nicht recht glauben, daß es blos auf die Juden abgesehen sei, denn die Bauern hätten den Wormsern überhaupt „ihren Zins und Gülten von ihren Gütern und ihrem Eigentum, ihre Schulden und, was sie ihnen pflichtig seien, vorenthalten." In Böhmen und anderswo seien diese „Unläufe" wider Gott und den heiligen Glauben, wider alle Ehrbarkeit, geistliche und weltliche, „doch allermeist über die Geistlichkeit und auch die Ehrbarkeit aller Commun und Städte", gerichtet. Der Ulmer Rat kannte die Feinde der Städte und der Ehrbarkeiten, und suchte sie nicht blos in den unteren, sondern auch in den oberen Schichten der Gesellschaft. Nach dem, was erst vor nicht zu langen Jahren die schwäbischen Reichsstädte durchzukämpfen gehabt hatten, und angesichts der hussitischen Revolution konnte man es den Ulmern auch nicht verargen, wenn sie die Dinge sehr schwarz ansahen. Es fiel ihnen auf, ¦daß die Bauernschaft in dem „weiten Flachland", wo es doch leicht „zu wenden wäre", sich solches unterstanden habe: sie deuteten an, daß ein geheimes Verbündnis des Adels mit der Bauernschaft dahinter stecken müsse und daß selbst die Fürsten, am meisten wohl der pfälzische Kurfürst, der Sache nicht ferne stünden, weil sie keinen Ernst dagegen zeigten, sondern ruhig zusahen und nicht einschritten; also daß man „gedenken muß, daß es etwas Grund habe." Thatsächlich mochte es wohl sein, daß die Ulmer, leicht ängstlich gemacht, die Gefahr übertrieben; aber begreifen kann man sie. Nach den nur zu spärlichen Nachrichten, die über den Aufstand noch vorhanden sind, handelte es sich in Wahrheit lediglich um die Juden, an denen die Bauern allerdings blutige Rache zu nehmen anfangs fest entschlossen waren. Eine andere Absicht sprachen sie selbst nicht aus, eine weitergehende Beschuldigung zeigen im Grunde auch die Aussagen der Wormser nicht, und etwas anderes traute man den Bauern auch am pfälzischen Hof nicht zu, mochte nun der von demselben ausgehende Vergleichs=vorschlag vom Kurfürsten selbst oder nur von seinen Räten her=rühren, daß nämlich der Rat der Stadt Worms, weil das Volk arm und die Not groß sei, die Juden bestimmen solle, auf die Zinsen zu verzichten und sich mit der Heimzahlung des Kapitals zu begnügen. Auf anderes erlaubt auch der endliche Ausgleich nicht zu schließen, worin der Wormser Rat den Bauern eine Ver=längerung der Frist, innerhalb deren sie die geliehenen Kapitalien zurückzuzahlen hätten, und den gänzlichen Erlaß der aufgelaufenen Wucherzinsen gewährte. Die Aufständischen wollten sich an den Juden für die wucherische Aussaugung rächen, der sie sich — wer weiß, seit welcher Zeit — ausgesetzt sahen. Dabei mag ihnen wohl die Hoffnung vorgeschwebt haben, sich aller Verpflichtungen gegen die Juden völlig zu entledigen. Lokale Begrenzung, das ist sicher, hatte dieser Aufstand der Rheinbauern, aber keineswegs nur lokale Bedeutung. Ueber Wucherzinsen und Aussaugung hatten nicht blos die Rheinländer zu klagen. Die unerträgliche Ausbeutung durch den Kapitalismus beschränkte sich nämlich nicht auf die rheinische Gegend und deßhalb kommt der Erhebung der pfälzischen Bauern thatsächlich eine allgemeinere Bedeutung zu. Denn diesem Beispiele folgte man bald auch anderwärts. Ja es gewann den Anschein, als spitze sich alles lediglich auf die Judenfrage zu. Volle dreißig Jahre rührte sich dann auch keine Bauernschaft mehr, als die Obrigkeiten selbst energisch gegen die Juden vorgingen. Die Juden wurden ihres Wuchers wegen 1432 aus Sachsen, 1435 aus Zürich und Speier, 1438 aus Mainz, 1439 aus Augsburg, 1450 aus dem Herzogtum Bayern, 1453 aus dem Bistum Würzburg, 1454 aus Brünn und Olmütz, 1457 aus Schweidnitz, 1458 aus Erfurt, 1468 aus Neisse, 1470 aus dem Erzstift Mainz ausgetrieben.[1]) Hierauf folgten noch weitere Maßregeln gegen die Juden. An dieser weitgehenden Wirkung erkennt man leicht, daß der rheinische Bauernaufstand nicht als ein Vorgang von rein lokaler Bedeutung[2]) angesehen werden darf; darüber hinaus geht auch, daß die Bauern in großen Haufen sich sammelten, daß sie durch das Bild des Gekreuzigten ihrer Sache einen christlichen Stempel aufzudrücken suchten und daß sie laut zum Beitritt zu ihrer Versammlung auffordern ließen. Und das Alles geschieht, ohne daß vorher auch nur der Versuch, auf gütlichem Wege den Zweck zu erreichen, gemacht worden wäre. Der offene Appell an die Gewalt und an die Waffen ist ein Zeichen der Zeit, in welcher man begann nach dem Muster der Husiten mit dem Schwert in der Hand, auch in Deutschland sein Recht zu ertrotzen oder zu erzwingen. So eröffnet diese bewaffnete Erhebung die Reihe jener bäuerlichen Aufstände, die im Verlaufe des fünfzehnten Jahrhunderts bald da bald dort in Deutschland, immer erst noch vereinzelt, aber doch schon als ein Beweis für die Gesinnung, welche im Bauernstand mehr und mehr sich verbreitete, ausbrachen.

---

[1]) Stobbe, die Juden in Deutschland während des Mittelalters ꝛc. S. 192—193.

[2]) Hierin hat Bezold gegen Zöllner recht, obwohl sonst dem ersteren die ganze Würdigung der Erhebung nicht gelungen ist.

Dadurch daß die Herrschaften den Antrieb, den sie zur Vertreibung der Juden von bäuerischer Seite empfangen hatten, befolgten, goßen sie eigentlich, ohne zu wissen, was sie thaten, Oel in's Feuer. Denn sie zeigten durch diese rechtswidrige Gewaltthätigkeit dem armen Manne, daß man zur Abwehr der Bedrückung oder, mit dem technischen Ausdruck gesprochen, zur Lösung einer socialen Frage am ehesten komme, wenn man kurzer Hand zugreife. Die Bauern lernten nicht blos von den Husiten, sie lernten auch von den höheren Ständen: von den Herren und den Reichsstädten. In der Verfolgung der Juden hatten diese schon im vierzehnten Jahrhundert hinreichende Beispiele gegeben. Von den Fürsten und Adeligen lernten sie ferner, sich in Bünd= nissen zu vereinigen, in Schaaren aufzutreten und sich Hauptleute zu setzen, also eine gewisse Ordnung zu machen, wenn sie etwas im Schilde führten, „daß man sich zusammenthun müßt in Haufen und einen eigen Bundesbrief machen und eigen Panier haben, daran man erkennen möcht, wes Standes man wäre und was man wollt gewinnen durch die Sammlung".

Dieses erwachende Standesbewußtsein, dieses Gefühl der Zusammengehörigkeit ergriff den Bauernstand zuletzt, aber nach= drücklich, und wurde zur Grundbedingung für die weitere Ent= wickelung der Bauernbewegung. Wenn auch nur landschaftlich zusammengeschlossen, konnte eine solche Vereinigung, wie es in Worms geschehen, zunächst gegen das auftreten, was man im engeren Kreise als beschwerlich und unerträglich ansah. Als im Jahre 1462 der Erzbischof [von Salzburg[1])] Steuern ausschrieb, welche seinen Unterthanen ungerecht und unerschwinglich vorkamen, da rottirten sich die Bewohner des Pongaues, Pinzgaues und im Brixenthal und verweigerten mit bewaffneter Hand die Zahlung der ihnen auferlegten Steuern. So stark war bereits die Bauern= einigung, daß der Erzbischof mit seinen Hilfsmitteln ihrer nicht mehr Herr wurde. Erst dem bayrischen Herzog Ludwig gelang es, die Widerspänstigen zu Paaren zu treiben und ihnen eine Strafe von mehr als 2000 Gulden aufzuerlegen.

Ueber den Charakter einer anderen Bauernerhebung, die

---

[1]) Pez: Scriptores rer. Austr. II, 465.

sechs Jahre später, 1468, in Elsaß stattgefunden hat, verbreiten die uns zu Gebote stehenden Berichte[1]) nicht genügendes Licht. Im äußersten Südwesten Deutschlands gingen die Wogen jenes verberblichen Unfugs, durch den die allgemeine Fehdewut dem deutschen Reich die schwersten Wunden schlug, besonders hoch: die Oesterreicher und Schweizer, die Reichsstädte und der Adel führten hier unaufhörlich kleine Kriege wider einander. Die von Mühlhausen hatten sich mit den Schweizern verbunden „waren nublich Schwitz worden" und bekriegten den Herzog Sigmund und den österreichischen Adel trotz des aufgerichteten Friedens. Acht Tage vor Himmelfahrt des genannten Jahres mußten die Städte Solothurn und Bern der Reichsstadt Mühlhausen zweihundert Mann wider den benachbarten Adel zu Hilfe schicken. Es scheint, daß der Adel hier die Bauern für seine Sache zu gewinnen wußte, ein Beweis, daß die Furcht der Ulmer vor einer Verbindung des städtefeindlichen Adels mit der Masse der Bauern unter Umständen nicht gänzlich unbegründet erschien, freilich nur da, wo die Feindschaft gegen die Städtebürger die einzige Triebfeder gemeinsamen Kampfes gegen sie war. Wir lesen, daß sich der österreichische Adel um Mühlhausen verstärkte und in der Umgebung der Stadt alles zu Grunde richtete, und daß ein neuer Feind von besonderer Gattung entstand. Der Edle Anselm von Masmünster habe ein Banner mit einem „Bauernschuh" aufgeworfen und einen Edeln von Zäsingen zum Mithauptmann angenommen. Bei zweitausend Bauern hätten sie aus der Landschaft Masmünster, Thann und Sennheim aufgewiegelt und einander zugeschworen: „Sie wollten aller Welt Feind sein". Ueber den weitern Erfolg dieses Tumultes fehlen die Nachrichten[2]). Aber merkwürdig erscheint er aus zwei Ursachen: erstens nämlich, daß die Rädelsführer durch ein Schlagwort, wie das angeführte, die Gemüter erhitzten und in demselben gleichsam ihre Absicht aussprachen und zweitens, daß

---

[1]) Ochs, Geschichte der Stadt Basel 4. Bd., S. 176. Chronik von Maternus Berler im Code Historique et diplom. de la ville de Strassbourg S. 79 ff.

[2]) Maternus Berler weiß von dem Bundschuh kein Wort zu erzählen, obwohl er sonst diese Mühlhauser Fehde genaustens schildert.

zum allererften Mal der Bauern- oder Bundfchuh als
das Bannerzeichen, als das Symbol vorkommt, unter dem Bauern
hernach fich zu vereinigen und ihre Sache zu führen liebten.
Wo der Bundfchuh auf die Fahne gemalt war oder auf einer
Stange dem Haufen vorangetragen wurde, da ward angedeutet,
daß das Bewußtfein des focialen Gegenfaßes die Gemüter
beherrfche, daß man mit den höheren Ständen aus Klaffenhaß
Abrechnung halten wolle. Denn der Bundfchuh[1]) ftand als die
derbere und unfchönere Fußbekleidung des Landvolks im Gegen-
faß zum feineren und zierlicheren Brißfchuh der beffern Stände:
fo konnte er mit Recht als Merkmal, als Feldzeichen des
Bauernftandes verwendet werden; in gemein verftändlicher Weife
wurde dadurch der Unterfchied der Stände vor Augen geftellt.

Im Jahre 1478 rottirten fich die Kärnthner Bauern gegen
ihren Herrn, den Kaifer Friedrich[2]), der eine Münzveränderung
vornahm, indem er einen „Agler Pfennig"[3]) für zwei gemeine
Pfennig feßte, während die Bauern dafür „nur drey Helbling"
geben wollten. Sofort machten fie einen Bund bei Villach, der
fich täglich mehrte. Wer in denfelben trat, fchwur bei einem
bloßen Schwert, das zwifchen zwei Stangen aufgehängt war und
vom Schwörenden berührt wurde, und mußte eine Geldabgabe
entrichten. Man vermeinte, die Bauern feien „all unfynnig und
(es) wäre kein Teufel in der Hölle". Ihre Oberften waren
Peter Wunderlich, ein Bauer, und der Schmied Matthias Henfel.
Sie machten Artikel und fchickten diefelben zu andern Bauern,
z. B. ins Ennsthal, wo gleiche aufrührerifche Gelüfte durch einen
Bauern Namens Meinhardt unter der Bevölkerung hervorgerufen
waren. Unter dem Vorgeben, ihr Bund fei wider die Türken
errichtet, betrogen fie „manchen einfältigen Mann". Sie hatten
aber den Willen fich das geiftliche und weltliche Gericht anzu-
eignen; „man fol umb al Händel den Bundherrn klagen und

---

[1]) Der Bundfchuh hatte „auf beiden Seiten Riemen, dreyer Ellbogen
lang, die flocht man und fchnürt fie umb die Bein und keine Hofen kreuz-
weis herumb wie ein Gatter." Die Brißfchuhe dagegen wurden eingebreifelt,
gefchnürt. Schmeller-Frommann.

[2]) Hahn, collectio monumentorum tom. I, p. 631—642.

[3]) Agler = denarius aquilegiensis. Grimm WB. 190.

sunst Nyemanten, weder Herrn noch Richtern, und sprachen selbs,
so wolten all Richter und Boten abthuen, und in jedem Gericht
vier Bauern zu Richtern setzen. Sy wolten auch Pfarrer und
all Prysterschaft setzen und entsetzen"; „sy wolten den Adel
unterdrückt haben und die Priesterschaft selbs geregieret haben".
In den Bund kamen „viel verzagter Bueben, dye vormalen im
Land und in den Gerichten" nicht wagen durften zu bleiben.
Dieses Bauernverbündnis breitete sich von Tag zu Tag weiter
aus: „die untreuen Bauren reckten ihre Händ vor Freuden auf,
da sy in den Bundt kumen solten". Den geistlichen und weltlichen Herren zu Kärnthen „ging die Sach fast zu Herzen," und
ließen dem Kaiser die bedenkliche Sache vortragen. Dieser schickte
sofort ein Mandat an alle Stände und Unterthanen des Reiches,
in welchem er ihnen gebot, aus dem Bund zu treten „bey
Verliesung Leybs und Guets und Straffung Weib und Kindt".
Aber die Bauern erklärten das kaiserliche Schreiben für unecht;
sie selbst hätten des Kaisers Brief, „daß sy mit dem Bund eylen
solten". Die Folge davon war, daß, „wer vor nicht in dem
Bundt was, der kam darein". Der größte Teil von Kärnthen
gehörte dazu. Allein da kam nach der Aussage unseres bauern-
feindlichen Gewährsmannes die Strafe Gottes. Am Tag des
Apostels St. Jakob brachen die Türken ins Land, als eben
3000 Bauern beieinander waren, welche dem Feind allein
entgegentreten wollten. Den heroischen Entschluß führten allerdings nur sechshundert aus und sie alle wurden erschlagen und
gefangen, die übrigen „ehrlos und treulos, flohen zu Städten,
und Geschlossen, die sich (sie) vor vermainten zu stören (zerstören)
und zu brechen". Die Türken aber verbrannten Städte und
Dörfer, Schlösser und Kirchen. Bei St. Jakob im Rasttal stellte
sich ihnen trotzdem wieder ein Bauernhaufen entgegen, aber er
wurde ebenfalls vernichtet. Daß unser Berichterstatter, der seinem
Haß gegen die Bauern den schärfsten Ausdruck verleiht, bei der
Schilderung des bäurischen Bundes und seines Zweckes sehr
übertreibt, dürfte wohl anzunehmen sein. Jedenfalls benahmen
sich die Bauern gegen die Türken tapferer, als die Herren, die
zwar keine Hand regten dem Feinde zu begegnen, aber hinterher
ihrer Tapferkeit gegen die eigenen Landsleute ungezügelten Lauf

ließen. Natürlich: der Einfall der Türken war nur für die Bauern „ein besundre Straff, von Gott, der die übermütigen, die sich selbst nicht erkennen wollen, (er)niedert". Unter dieser Voraussetzung waren die Herren wohl im Recht mit harter Strafe den Vorwitz der Bauern zu ahnden. Etliche ihrer Obersten wurden gefangen, auf der Folter gefragt und eingesperrt, etliche „an Leyb und an Guet gestrafft". „Noch get der Bund den Bauern in Sinn, und müssen doch dartzu geschweygen".

Die Autorität der Regierungen, die geschlossene Gewalt der oberen Stände wurde mit diesen mehr zornmütigen, als organisirten Versuchen der Selbsthülfe immer wieder und verhältnismäßig leicht fertig.

---

2. Der Pauker von Niklashausen.

Judenwucher, Wucherzinsen, Steuerdruck, Münzverschlech= terung gehörten entschieden zur Bauernfrage, sie waren wesentliche Teile derselben; aber diese selbst war mehr, bedeutete noch etwas ganz anderes. Selbst wenn diese Dinge behoben, diese Beschwerden weggeschafft waren, so war mit nichten die Frage selbst gelöst, ja die Lösung nicht einmal um etwas Nennenswertes gefördert, ihrem Ziele näher gerückt. Wohl beabsichtigte die dem Kaiser Sigmund untergeschobene Reformation eine gänzliche Veränderung der mittelalterlichen Gesellschaftsordnung, und ihr Verfasser hatte bei Lebzeiten seine Lehren selbst in weiten Kreisen ausgebreitet, aber ein praktischer Versuch nach diesem Programme oder nach Gesichtspunkten, die von diesem angeregt waren, war bis in das Jahr 1476, wo jene Schrift zum ersten Male in die Welt ging, noch nicht angestellt worden. Ein Zufall, der immerhin angemerkt zu werden verdient, wollte es, daß im Jahre 1476 dieser im Zuge befindliche Prozeß eine entscheidende Wendung einschlug.

Es taucht nämlich in diesem Jahre mitten in Deutschland, in Franken, ein Mann aus dem Volke auf, der ohne bestimmten äußern Anlaß eine Bewegung hervorrief, die zum ersten Male einen allgemeinen und principiellen Charakter an sich trägt. Nicht einzelne Reformen erstrebt jener Volksmann, dem

die Massen wie einem Propheten zuströmen und wie einem
Messias anhangen, sondern die Revolution will er im letzten
Grunde und zwar die kirchliche, die politische und die sociale
Revolution. Radikal ist er in Allem: ein Bußprediger, der
Askese fordert wie der strengste Mönch, und doch den Haß
schürt gegen Alles, was dem geistlichen Stand angehört, ein
radikaler Demokrat, der Kaiser, Päpste und Fürsten als Betrüger
und Bedränger des Volks hinstellt, und selbst die Menge durch
erdichtete Wunderthaten hintergeht; ein radikaler Streiter wider
die päpstliche Hierarchie, der aber selbst auf ein Zerrbild der
Hierarchie hinauskommt, indem er sich an die Stelle des Papstes
und sein fränkisches Dorf an Rom's Stelle setzen will. Neben
der Einsicht in die Bedürfnisse des Bauernstandes und die
Mittel, wie die Lage desselben zu verbessern sei, steht bei ihm
eine unglaubliche Unwissenheit über den Abgrund, in den er
die ganze Gesellschaft hinabstürzen mußte. Ohne die geringste
Bildung, ja weder im Stande zu lesen noch zu schreiben, verfügt
er über eine überwältigende, Alles beherrschende Beredtsamkeit
und verschmäht auch als Heiliger nicht, seine Gedanken in die Form
volkstümlicher Gesänge zu fassen, durch diese Lieder auf die
Massen zu wirken. Wie ein Evangelium wird sein Wort verehrt
und befolgt, denn sein Leben erscheint wie das eines Heiligen.
Zuerst der Welt und ihrem Dienst ergeben, wendet er sich von
der Ueberzeugung ergriffen, daß dieses Alles Sünde sei, davon
ab und sucht sich und seine Brüder von der Eitelkeit zu Gott
und seinem Dienste zu führen. Aber er ist weit entfernt, als
Bußprediger nur vor der Sünde zu warnen und zu einem Gott
wohlgefälligeren Leben zu ermahnen; vielmehr hält er sich berufen
die Welt wegen ihrer Sünden zu strafen, die Geißel des göttlichen
Zornes über die Verstockten zu schwingen, das Alte und Verrottete
zu stürzen und eine neue Ordnung der Dinge herzustellen. Ihn
beseelt nicht blos die Leidenschaft der Rede, sondern auch der
That: er will seine Anhänger nicht nur zu seinem Glauben
begeistern, sondern auch zu Werkzeugen seines Willens und
Vollstreckern seiner Pläne machen, Welt und Kirche mit ihnen
umgestalten und ein Reich brüderlicher Liebe auf Erden aufrichten.
Mit dieser utopistischen Verheißung eines theokratischen Staates

gewann er in kurzer Zeit Anhänger nach vielen Tausenden, welche in seinem Blendwerk mit Beifall das ideale Bild eines Zustandes erblickten, den die Welt nur durch die Schlechtigkeit und Herrschsucht der oberen Stände entbehren mußte. Verderblichere Lehren waren selbst in diesen aufgeregten Zeiten in Deutschland noch nicht vorgetragen worden; die Gefahr, mit welcher dieser wunderliche Kopf Alles bedrohte, war um so schwerer, als das seltsame Gemisch von Widersprüchen in ihm die Menge verblenden und verdrehen mußte. Und doch war er von Haus aus nur ein Hirte, der nebenbem an Hochzeiten, Kirchweihen, Feiertagen und Messen mit der Handpauke und der Sackpfeife zum Tanz aufspielte oder zur Kurzweil allerlei lustige Lieder zu singen wußte. Hans Böhm[1]) (Behaim, Beham) war sein Name. Ob er selbst in Franken geboren war, oder wie manche aus seinem Namen entnehmen wollen, aus Böhmen stammte, läßt sich nicht entscheiden. Im schönen Taubergrund lebte er, hütete die ihm übergebene Heerde und sang und musicirte bei festlichen Gelegenheiten, so oft man ihn dazu nötig hatte. Da drang, so wird erzählt, zu ihm in die Einsamkeit seines Hirtenlebens auch die Kunde von den Wundern, welche durch das Feuer seiner Predigten der Bruder Capistranus ǂan seinen Zuhörern vor mehreren Jahrzehnten gewirkt hatte, wie sie Würfel und Karten, Schmuck und kostbare Kleidungen von sich warfen und fromme Uebungen anstellten[2]). Es bleibt freilich zweifelhaft, ob das Beispiel dieses Mannes thatsächlich in dem Hirten und Pauker einen ähnlichen Eifer gegen die Sünden in der Welt und den Entschluß sie zu bekämpfen hervorrief oder ob ein paar listige Hintermänner in dem geschickten und erregbaren Jüngling ein Werkzeug ihrer von Eigensucht nicht freien Gedanken erblickten und deshalb in ihm die böse Flamme geistlichen Hochmuts und die Eitelkeit, es jenem Bußprediger nachzuthun, anfachten. Genug,

---

[1]) Barack, Hans Böhm und die Wallfahrt nach Niklashausen im J. 1476. Archiv des hist. Vereins von Unterfranken und Aschaffenburg XIV. Bd. Jahrg. 1858. Zu vergl. Ullmann, Reform. v. d. Reform. I. Bd. und Zöllner a. a. O. S. 76. Gothein, relig. Volksbewegungen vor der Reformation S. 10 ff.

[2]) Chroniken deutscher Städte. II, 412.

er verbrannte am Sonntag Lätare den 24. März 1476 vor der
Kirche zu Niklashausen, dem Grafen von Wertheim zugehörig,
seine Pauke und begann zum Volke öffentlich zu reden, das sich
aus der Umgegend vor dem wunderthätigen Gnadenbilde der
heiligen Jungfrau in der Dorfkirche zu versammeln pflegte,
seitdem diese Verehrung mit einem päpstlichen Ablaß begnadet
worden war. Mit dreierlei Mitteln wirkte er: durch seine Predigt,
durch Wunderthaten und durch Gesänge. Mit dem ersten Mittel
regte er die Massen bis auf den Grund auf; durch das zweite
legitimirte er seinen vorgeblich göttlichen Beruf; in den Liedern
die er selbst verfaßte und gleich zum Singen einrichtete, trugen
die massenhaften Wallfahrer, die sich bald einstellten, leichtfaßliche
und gefährliche Sätze bis in weitentfernte Gegenden. In den
ersten Predigten erzählte er seine Bekehrung und Berufung.
Die Jungfrau Maria sei ihm mehrmals erschienen, als er Nachts
die Heerde geweidet, habe ihn zum Propheten erkoren und
ermahnt, von seinem sündlichen Leben abzustehen, seine Pauke zu
vernichten, das Aufspielen zum Tanz zu lassen und Gottes
Wort dem Volk zu verkündigen. Der Zorn Gottes sei über
die Menschen und sonderlich die Priesterschaft entbrannt. Gott
habe schon die strafende Hand ausstrecken und Wein und Korn
durch Kälte verderben wollen, aber auf sein Gebet hin seinen
Grimm noch abgewendet. Im Tauberthal, in Niklashausen,
wolle Gott eine besondere Gnadenquelle fließen lassen, reichlicher
als in Rom oder sonstwo. Wer hierher komme, erlange ihre
ganze Segensfülle, und wenn er sterbe, so gehe seine Seele
sofort zum Himmel ein. Vom Fegfeuer wollte er nichts wissen.
Himmel oder Hölle ist nach den Worten des Paukers das Loos
des Menschen, wer er auch sei. Neben Niklashausen vergaß er
voll Selbstgefühl nicht die ihm anvertraute Macht zu rühmen,
Wäre eine Seele in der Hölle, sagte er, so wolle er sie mit der
Hand herausführen. Das Alles machte schon einen außerordentlichen Eindruck auf die Zuhörer, deren Zahl von Sonntag
zu Sonntag sich vergrößerte, angelockt nicht blos durch seine
Worte, sondern auch durch die Wunder und Zeichen, von denen
man sich zu erzählen wußte. Vor Allem trat er in die Fuß-
tapfen der Bußprediger aller Zeiten, indem er gegen den Luxus

und die Ueppigkeit seine Stimme erhob und aufforderte, der Hoffart in der Kleidung zu entsagen und den goldenen Schmuck, die seidenen Gewänder, Brusttücher und die spitzigen Schuhe abzulegen. Dem Landvolk, das ihm zuhörte, griff er damit wenig ans Herz, denn der Luxus war ja zumeist bei den höheren Ständen zu Haus, aber er lenkte den Sinn seiner Zuhörer auf diejenigen, gegen die sie überhaupt erbittert waren. Diese Wendung war nicht ohne Absicht und Wirkung. Zunächst steigerte sie die Abneigung gegen die Geistlichkeit, deren Habsucht, Uebermut und unchristliches Leben eine bequeme Zielscheibe darbot. Es sei leichter einen Juden zu bekehren, als einen Geistlichen oder Gelehrten. Aber wenn sie sich nicht besseru, werde ihretwegen bald große Not über die Welt hereinbrechen. Es werde dahin kommen, daß alle Priester getötet würden und wer dreißig Priester töte, ernte Gotteslohn. Die Priester sagen: „ich sei ein Ketzer und wollen mich verbrennen; wüßten sie, was ein Ketzer wäre, (so) erkenneten sie, daß sie Ketzer wären und ich keiner. Verbrennen sie mich aber, (dann) wehe ihnen, sie werden wohl inne, was sie gethan haben und das wird an ihnen ausgehen". Der kirchliche Bann sei ohne Wert und die kirchliche Ehescheidung ohne Recht, das stehe allein Gott zu. Auch den schwer empfundenen Mißbrauch der Pfründenhäufung tadelte er scharf und mit Recht verlangte er, es solle einer nicht mehr als eine Pfründe haben. In dem Allen unterschied er sich noch nicht von dem, was auch andere seiner Zeitgenossen wider die Kirche und den Klerus öffentlich, mündlich oder schriftlich, zu sagen wagten. Und selbst wenn er der Geistlichkeit wegen ihres Wandels und Unglaubens mit einer schrecklichen Heimsuchung drohte: „Sie werden erschlagen und in Kürze wird es dazu kommen, daß der Priester mocht die Platte bedecken mit der Hand; thät er gern, daß man ihn nit kennet", — so erregten so scharfe Worte wenig Anstoß, denn jene Zeit war an Freimut gewöhnt und die Mißstände gestatteten eine bittere Kritik. Allein der „heilige Jüngling" beschränkte sich nicht darauf.

Als er des Beifalls der Menge sicher war, griff er die bestehende Ordnung nach jeder Richtung mit unerhörter Kühnheit an. Aus den wenigen Sätzen, die uns über den Inhalt seiner

Predigten überliefert sind, wird klar, daß er den Unterschied der Stände verwarf, selbst die Grundsäulen des mittelalterlichen Gesellschafts- und Staatengebäudes umstürzen und Alles im communistischen Sinne eingerichtet wissen wollte. Vor Gott lehrte er, ist Papst und Kaiser wie ein anderer Mensch. Werden sie an ihrem letzten Ende fromm erfunden, so fahren sie unmittelbar in den Himmel. „Werden sie aber bös funden, so fahren sie ohn Mittel (unmittelbar) in die Hölle". Daraus ersieht man, setzt der Berichterstatter bei, daß „er nichts vom Fegfeuer hält". Thatsächlich ist ihm aber der Kaiser „ein Bösewicht" und „mit dem Papst ist es nichts". Ergibt sich nun aus der letzteren Behauptung die Leugnung des Glaubens, daß dem Papste ein besonderer Schatz himmlischer Gnadengüter zu Gebote stehe und die Schlußfolgerung, daß „im Tauberthal so große, vollkommene Gnade und mehr sein soll, dann zu Rom", so stellt er andrerseits das ganze Lehenswesen, das in dem Kaiser, dem „Bösewicht", seine Spitze und Zusammenfassung hat, als eine verwerfliche Bedrückung des gemeinen Volkes dar, dem dadurch das Leben schwer und unglückselig gemacht werde. Der Kaiser gibt „einem Fürsten, Grafen, Ritter und Knecht, geistlich, weltlich, Zoll und Auflegung über das gemein Volk" — ein beschwerlicher Zustand: „ach weh ihr armen Teufel!" ruft er daher mit bitterem Seufzen aus. Wäre das irdische Gut gleichmäßig verteilt, so würde der Unterschied zwischen Reichen und Armen wegfallen, denn alle besäßen hinreichend, was sie brauchen. „Die Fürsten, geistlich und weltlich, auch Grafen und Ritter haben so viel; hätte(n) das die Gemein, so hätten wir alle gleich genug". Aber er begnügt sich nicht, diese Ungleichheit zu schildern, er fordert vielmehr unzweideutig ihre Aufhebung: „es muß geschehen", „es kommt dazu, daß die Fürsten und Herren noch umb einen Tag-lohn müssen arbeiten". So redete er dem crassesten Communis-mus das Wort, verwarf das Sondereigen (Privateigentum) schlechtweg und lehrte die Gemeinschaft des Besitzes als sein letztes Ziel; denn in dem neuen Reiche Gottes auf Erden sollten alle Menschen wie Geschwister beieinander wohnen in gleicher Freiheit und in gleichem Besitze. Ueber die Begründung, mit welcher der radikale Redner diese Sätze vor seinen Zuhörern des Näheren ausführte, wissen wir nichts; indessen reichen diese Schlagwörter, deren epigrammatische Kürze sie zu rascher Verbreitung überaus geeignet machte, vollkommen aus, uns über den Geist und die Tendenz dieser Lehren zu unterrichten. Weil die Voraussetzungen, auf die er seine Forderungen gründete, der wahren Sachlage vielfach nur allzusehr entsprachen, weil seine Kritik die unleugbar vorhandenen Schäden aufdeckte, mußte die fanatische Begeisterung dieses Propheten die Leute verführen, ihm, an dessen Lippen sie hingen, unbedingten Glauben zu schenken. Es konnte sich keiner der Zuhörer der Ueberzeugung entschlagen, daß man nur auf dem angegebenen Wege vom allgemeinen Verderben, vom gänzlichen Untergange befreit werden könne. Die logische, schrittweise vorgehende Entwickelung, wenn der Ausdruck gestattet ist, mit welcher der zum Demagogen gewordene Pauker seine Lehren vortrug und einen Satz auf den andern baute, ohne ein Mittelglied auszulassen, ohne eine Schlußfolgerung zu bald einzusetzen, wirkte auf die Menge mit einer wahrhaft dämonischen Gewalt.

Es kam ja noch dazu, daß dem Manne außergewöhnliche Kräfte verliehen zu sein schienen. In den Wundern, die er selbst oder seine Nähe gewirkt haben sollte, erkannte der Aberglaube der Zeit die zweifellose Bestätigung des Himmels. Nachts sah man, so bekannten hinterher Augenzeugen, im Pfarrhofe und in der Kirche zu Niklashausen Lichter brennen. Ein Kind ferner, erzählte man sich von Mund zu Mund, welches ertrunken war, sei zu Niklashausen zum Leben zurückgerufen, also auferweckt, ein lahmer Mann wieder hergestellt, ein blind geborenes Kind wieder sehend, einem Stummen die Rede wieder gegeben worden. Auf einem Berge in der Nähe des Dorfes entsprang plötzlich ein Quell, der vorher nicht vorhanden gewesen war. Diese und wahrscheinlich noch mehr Zeichen wurden berichtet, verbreitet und geglaubt; das lockte an. Wenn sie sich auch bei der Untersuchung nachmals als unwahre Erfindungen oder sogar als Betrügereien solcher, die davon Nutzen zogen, erwiesen haben, wenn es vor Allem den Anschein gewinnt, als habe der Pfarrer von Niklashausen in Gemeinschaft mit dem auch als Begharde bezeichneten, geheimnisvollen Predigermönch, der in dieser Bewegung eine nicht ganz aufgeklärte Rolle spielte, in eigennütziger Absicht und ohne Wissen des Paukers einen Teil dieser Wunderthaten veranstaltet, so dienten sie im Augenblick doch dazu, die göttliche Sendung des Propheten zu beglaubigen und sein Ansehen über alle Zweifel zu erheben. Ausgeschlossen ist allerdings die Möglichkeit nicht, daß er diesen Wunderschwindel wenigstens stillschweigend geschehen ließ. Oder vielleicht war er selbst der Betrogene und glaubte, was ihm der Pfarrer und der Mönch als göttliche Gnadenwirkungen vorspiegelten: ein Betrüger und ein Betrogener zugleich?

Erwähnt muß noch werden, daß der heilige Jüngling nicht vergaß, die unheilige Kunst, die er zur Weltfreude ehemals geübt, in den Dienst seines prophetischen Amtes zu ziehen, indem er die zahlreichen Wallfahrer, welche zu ihm kamen, allerlei Lieder lehrte, in denen dieselben Gedanken den Inhalt bildeten wie in seinen Predigten, Lieder, „welche dieselbige Ketzerei und Täuscherei gedichtet hatten". Mit diesen Liedern zogen die Waller in die Heimat zurück, ließen sie ertönen, wenn sie durch Dörfer, Weiler und Höfe kamen, und streuten so überall den Samen der neuen Lehre aus. Eine Chronik der Stadt Schwäbisch-Hall erzählt, daß „die Wäller unter andern ihren Creuzliedern öffentlich sungen:

> Wir wollen Gott vom Himmel klagen,
> Kyrie eleyson,
> Daß wir Pfaffen nit sollen zu todt schlagen,
> Kyrie eleyson."

Schärfer als in diesem Vierzeiler konnte der Haß gegen die Geistlichkeit, wie ihn Böhm lehrte, nicht ausgesprochen werden. Es ist bedauerlich, daß diese „Kreuzlieder" verloren gegangen sind; sie würden unsere Kenntnis von dem, was der heilige Jüngling im Schilde führte, vorzüglich ergänzen. Sie wurden ebenso eifrig gesungen, als nachmals unterdrückt. In fast allen Verboten, die Lehre Böhm's auszubreiten, geschah der Gesänge namentliche Erwähnung. „Wollet verbieten,' schreibt der Bischof Rudolph von Würzburg an den Grafen von Wertheim, daß Niemands fürter mehr von (dieser) Walfahrt rede oder singe." Nichtsnutzig waren nach der Meinung desselben Bischofs die „Reden und Gesänge, so man in diesen Wallzeiten erdichtet hat." Auf

7*

100

der Tagfahrt zu Aschaffenburg, welche des Böhm halber im Juni desselben Jahres abgehalten worden ist, wurde ausdrücklich bestimmt, daß „Niemands die Lieblein und Cantilene, von dem Pauker gedichtet, singe." Vorerst allerdings, so lange die Wallfahrt nach Niklashausen noch in Blüte stand, waren sie ein wirksames und weitreichendes Mittel, den Ruf derselben zu verbreiten, die Neugierde zu wecken und die Menge herbeizulocken.

Von allen Seiten sollen die Massen herbeigeströmt sein: nicht blos aus Ostfranken, also der Umgebung, sondern auch aus Bayern und Schwaben, aus dem Elsaß und den Rheinländern, aus Hessen, Thüringen und Sachsen — ganze Familien, ganze Dorfschaften. Auf viele Tausende schätzte man an einzelnen Tagen die Ankömmlinge.[1]) Es war, als ergreife die Wut oder die Begeisterung, dämonische Leidenschaft oder eine himmlische Inspiration jeden, sobald er Kunde davon erhielt; von der Arbeit hinweg, noch im Arbeitsgewand mit ihren Werkzeugen, ohne Nahrung und Geld kamen sie daher gelaufen. Weder Warnungen noch Verbote vermochten den Zulauf zu hindern.

Die meisten Wallfahrer kamen übrigens nicht mit leeren Händen. Es lag im Sinne der Zeit, der neuen Gnadenstätte Weihgeschenke und Opfer aller Art darzubringen: Geld, Kleinodien und kostbare Gewänder, besonders auch Wachskerzen, darunter manche von solcher Größe, daß mehrere Männer nötig waren sie zu tragen, wurden der Mutter Gottes und ihrem begnadeten Diener, dem heiligen Jüngling, gespendet. Noch mehr als jene wurde dieser verehrt. Sie fielen vor ihm auf die Kniee und flehten ihn um seinen Segen oder die Absolution an. „Bitte für uns, heiliger Mann" — so wird von dem Abte Tritheim,[2]) der kein Augenzeuge war, berichtet — habe man ihn angerufen,

---

[1]) Tritheim, Chron. Hirsaug.: uno die frequenter 10 000 hominum, aliquando 20 000, nonnunquam etiam 30 000.

[2]) Tritheim lebte von 1462—1516. Das Rechtfertigungsgedicht auf das Vorgehen des Würzburger Bischofs (Liliencron, d. histor. Volkslieder d. D. II, 115.) erwähnt von dem Allem nichts, und doch würde sich der Dichter nicht haben entgehen lassen, diese abscheuliche Vergötterung als belastendes Moment gegen den Niklashäuser Propheten hervorzuheben. Die Glaubwürdigkeit Tritheim's ist überall fragwürdig. Geiger: Renaissance und Humanismus S. 446.

ober: „Du Mann Gottes, sei uns gnädig und barmherzig"; darauf habe er über die Menge der Flehenden das Kreuzeszeichen gemacht. Aber damit, ihn zu sehen und von ihm gesegnet zu werden, begnügten sich die aufgeregtesten unter den Wallfahrern nicht. Man wollte ihn berühren, Reliquien und Erinnerungszeichen von ihm haben, etwa ein Stück von seinem Kleid oder Mantel.

In der Dorfkirche selbst ist er nicht aufgetreten; das wäre schon bei der Menge, die sich alsbald um ihn sammelte, nicht möglich gewesen. Nach dem „Receß und Abschied" der Tagfahrt von Aschaffenburg zu schließen (Juni 1476), bediente er sich „Meß zu halten" gerne eines tragbaren Altars[1],) der auf freiem Feld aufgestellt wurde. Auch von einem Baume herab oder vom Fenster oder Dach eines Hauses aus hat er nach Tritheim's Bericht gepredigt, weil ihm dabei der öfter erwähnte Predigermönch die Worte zuflüstern konnte.[2]) Hauptsächlich an Fest- und Sonntagen strömten in Niklashausen die Leute in hellen Haufen zusammen. Das Dorf konnte sie nicht beherbergen, so daß sie sich außerhalb desselben lagern mußten. Um die leiblichen Bedürfnisse der Waller zu befriedigen, schlugen Wirte und Krämer ihre Buden auf: das sah dann aus wie ein Feldlager, in welchem es manchmal unordentlich, ja ausschweifend hergegangen sein mag.

Natürlicherweise lenkten die Vorgänge in Niklashausen auch die Aufmerksamkeit der weltlichen und geistlichen Herrschaften auf sich, zunächst der benachbarten. Zwar der Graf Johann von Wertheim, welchem das Dorf zugehörte, sah ruhig zu und mußte sich deshalb später harten Tabel gefallen lassen, aber nicht so der Erzbischof von Mainz, in dessen Diöcese der neue Gnadenort lag, noch der Bischof von Würzburg, dessen Unterthan der heilige Schwärmer war. Dem letzteren übertrug der Mainzer Kurfürst

---

[1]) Ob er auch eine umgestürzte Weinkufe benutzte, wie b e Fries'sche Chronik abbildet, erscheint sehr zweifelhaft. Die gleichzeitigen Quellen wissen nichts davon.

[2]) Tritheim und Fries — der letztere nennt als Einbläser den Dorfpfarrer — machen J. Böhm zu einer hirnlosen Marionette. Das ist lächerlich und nimmt ihren Berichten die Glaubwürdigkeit. Ein reiner Thor, der aus sich selbst nichts weiß und kann, ruft keine solche Bewegung hervor.

Diether von Isenburg die gefängliche Einziehung Johann Böhm's und seiner Helfershelfer und überhaupt das Predigen und Messelesen unter freiem Himmel zu verbieten. Ende Juni wurde sodann von Abgesandten der genannten geistlichen Fürsten ein Tag in Aschaffenburg gehalten und neben andern Bestimmungen gegen die Niklashauser Wallfahrt beschlossen, erstens durch beglaubigte Zeugen demnächst eine Predigt des Johann Böhm im Geheimen belauschen und bezeugen zu lassen, und zweitens, daß der Pauker „gefangen und herab gen Aschaffenburg geführt" werden solle.

So leicht war das nicht. Das gemeine Volk hing dem schwärmerischen Prediger an und war unter Umständen zu seinem Schutze bereit. Die warme Jahreszeit gestattete gerade jetzt großen Massen den Zuzug. Man besorgte ernste Dinge. Der Rat der Stadt Würzburg z. B. sah sich durch „die schweren Läuft, die vorhanden sind der Wallfahrt halben und wie viel seltsam Volk durchziehe" veranlaßt für die Sicherheit der Stadt energische Maßregeln zu ergreifen (29. Juni); sollte es zu einem bewaffneten Tumult kommen, so wollte er sich nicht unbewaffnet überrumpeln lassen. Die Dinge spitzten sich immermehr zu. Ob Böhm von der ihm drohenden Verhaftung eine Ahnung hatte, wissen wir nicht; aber soviel geht aus den Berichten hervor, daß auch er seinerseits zum entscheidenden Schlage ausholte, daß er die Notwendigkeit erkannte, vom Wort zur That überzugehen. Am Schluß der Predigt, die er am Sonntag vor dem Kilianstag (7. Juli) hielt, forderte er die Männer unter seinen Zuhörern auf, am folgenden Samstag Weiber und Kinder zu Haus zu lassen und allein mit ihren Waffen zu erscheinen; denn auf Befehl der Jungfrau Maria habe er ihnen drei ernste Worte mitzuteilen. Ueberall verbreitete sich das Gebot des Propheten, der mit dieser Mahnung eine für ihn verderbliche Thorheit begangen hatte. Der Bischof Rudolf von Würzburg — gerade diese Predigt war amtlich belauscht worden — wollte nicht säumen, der Gefahr zuvorzukommen und den aufrührerischen Pauker mit Gewalt aufheben zu lassen, noch bevor seine Anhänger in Wehr und Waffen sich um ihn gesammelt hätten. Am 12. Juli schickte er insgeheim vierunddreißig Reisige zu Pferd nach Niklashausen und ließ den schlafenden Prediger aus dem Bett holen und gefangen nehmen. Er wurde auf ein Pferd gebunden und eiligst davon geführt. Obwohl bereits mehrere tausend Waller ange-kommen und durch den Tumult wach geworden waren, so blieb der Versuch den fast angebeteten Propheten zu befreien doch erfolg-los, die Reisigen ließen sich ihren Gefangenen nicht mehr abjagen, nur das Roß eines Reiterknechts wurde verwundet. Der Dorf-pfarrer wurde ebenfalls verhaftet; der Predigermönch entzog sich in der Dunkelheit der Gefangennahme, wurde aber auf der Flucht ergriffen und nach Mainz gebracht: mit einem Griff hatte man das böse Nest ausgenommen.

Am nächsten Morgen, — der Margarethentag war der für die Zusammenkunft bestimmte Termin — erschienen dem Rufe ihres Führers gehorsam viele seiner Jünger. Aber mit Entsetzen vernahmen sie, was geschehen war und wußten nicht, was sie thun sollten. Die Einen kehrten ratlos in ihre Heimat zurück, die Entschlosseneren blieben und beratschlagten, was zu thun sei. Da trat unter ihnen ein Bauersmann auf und verkündigte ihnen, es sei ihm die heilige Dreifaltigkeit erschienen und habe ihm ge-sagt, die Brüder sollten nicht verzagen, sondern im festen Ver-trauen auf die göttliche Hilfe mit ihren Wehren nach Würzburg ziehen und den heiligen Jüngling befreien. Die Mauern der Stadt würden einfallen wie die von Jericho, die Thore von selbst sich öffnen, und im Triumph werde der Prophet aus seinem Gefängnis hervorgehen. Eine stattliche Anzahl, — die zuver-lässigen Angaben sprechen von 12000 Mann, — ließ sich bereit finden den Zug mitzumachen, der halb wie eine Fahrt Bittflehender, halb wie der Anzug entschlossener Gegner aussah. Die 500 Kerzen, welche sie aus der Dorfkirche mitnahmen und angezündet dem Haufen vorantragen ließen, machten den Eindruck, als komme eine fromme Kirchfahrt des Weges. Die tausende Bewaffneter, welche folgten, an ihrer Spitze vier Adelige aus dem Hochstift Würzburg: Kunz von Thunfeld, einer von Westenberg und zwei von Stetten, legten die Vermutung nahe, daß sie entschlossen seien unter Umständen sich nicht blos auf das Bitten zu verlegen. Am frühen Morgen langten sie vor Stadt und Schloß an. Beide waren befestigt und wohl verwahrt, denn die Kunde war dem Bauernhaufen vorausgeeilt. Der Bischof ließ ihn durch seinen

Hofmarschall Georg von Gebsattel fragen, was sein Begehren sei. Man wolle, so lautete die Antwort, den gefangenen Jüngling befreien; wenn er nicht gutwillig ausgeliefert werde, würde man ihn mit der Hilfe der heiligen Jungfrau gewaltsam befreien. Als der Marschall ihnen über ihre Drohung Vorstellungen machen wollte, warfen sie mit Steinen nach ihm und zwangen ihn sich eiligst zurückzuziehen. Trotzdem schickte der Bischof einen zweiten Abgesandten in der Person des Konrad von Hutten zu dem Haufen, der die Bauern aufforderte, sich nach Haus zu begeben, da sie ohne schweres Geschütz der Festung nichts anhaben könnten: der gefangene Pauker werde nicht frei gegeben, sondern nach Gebühr bestraft werden. Wenn sie nicht abzögen, würden die schweren Geschütze wider sie gerichtet werden. Ein guter Teil ließ sich zur Heimkehr bewegen, die Uebrigen verblieben vor der Festung. Zuerst suchte man sie durch einige Schüsse zu schrecken; als aber dies nichts fruchtete, feuerte man in die Reihen der der Bauern und ließ sie gleichzeitig durch Reisige angreifen. In wilde Flucht löste sich nun der Haufen auf, eine Anzahl Todte und Verwundete zurücklassend. Sie wurden verfolgt und, als sie sich im Kirchhof zu Waldbittelbronn verschanzten, angegriffen, überwältigt und über hundert von ihnen auf die Festung geführt. Schmachvoll waren die adeligen Anführer entflohen. Von den eingebrachten wurden nur zwei, ein Bauer, welcher das Pferd des Reisigen beim Ueberfall in Niklashausen verwundet hatte, und jener andere, der sich gerühmt hatte, daß ihm die Dreieinigkeit erschienen sei, zur Strafe zurückbehalten, die übrigen durften heimkehren. Nun wurde dem Pauker der Prozeß gemacht. Die Anklage lautete auf Ketzerei und Zauberei, das Urteil auf den Tod durch das Feuer. Am 19. Juli 1476 wurden zuerst seine zwei Genossen vor seinen Augen enthauptet. Voll Angst und Entsetzen sah er dem Schauspiele zu und fragte den Henker: „Willst du mir nun auch so thun?" „Nein", antwortete dieser, „dir ist ein anderes Bad bereitet." Er wurde an einen Pfahl gebunden, der mit einem Holzstoß umgeben war. Als das Feuer angezündet wurde, begann er ein Marienlied zu singen, brach aber bald in laute Schmerzensrufe aus, welche der Rauch in

kurzem erstickte. Er endete ohne Mut und Würde: in der Untersuchung legte er sich auf das Leugnen, beim Sterben auf das
Klagen. Die Teilnahme, welche eine mutige und standhafte Verantwortung erweckt hätte, blieb ihm deshalb versagt. Mit Recht
zogen aus seinem letzten Benehmen Augenzeugen den Schluß
zur Verurteilung seines Werkes. Wäre es von Gott gewesen,
steht im Ratsbuch der Stadt Würzburg verzeichnet, „so gestünde
er der Rede, die er vor viel tausent Menschen getrieben hat, der
er, Furcht halben seines Lebens, alles in Leugnen stehet. Es
haben das aber die lieben Zwölfboten und andere heilige Mär-
tirer nit getan. Was sie gesagt, haben sie nicht widersprochen
und sein darumb gestorben." Das Laufen nach Niklashausen
hörte erst allmählig auf, als dies durch strenge Verbote und
Strafen untersagt war und der Erzbischof von Mainz zuerst die
Dorfkirche geschlossen und mit dem Interdikt belegt und schließlich
als eine „Pflanz- und Zufluchtsstätte des Irrtums" hatte nieder-
reißen lassen. Es ist unglaublich, bis auf welche Entfernung der
Prophet aus dem Taubergrund gewirkt hat. In Sachsen und
sogar in Bayern spürte man seinen Geist unter dem Landvolk:
ja selbst im damaligen Rom empfand man einen leisen Schauer
vor dem fränkischen Bauernjungen. Daß ein solcher Mensch in
kurzer Zeit eine tiefgehende und schnell sich ausbreitende Bewegung
hervorzurufen vermochte, war in Deutschland unerhört, wirft aber
ein helles Licht auf die Zustände und den Geist der Zeit. Man
traute seinen mystisch-demokratischen Verheißungen und übersah
das tolle Blendwerk, mit dem er täuschte, weil seinem scharfen
Tadel in vielen Dingen die Wahrheit zur Seite stand. Wie
die Not gehoben, die vielen Schäden gebessert werden sollten und
könnten, wußte Niemand, auch der Pauker nicht. Aber schon das
Eine, daß er Wandel schaffen wollte und daß er die Uebel aufdeckte, verschaffte ihm den großen Beifall. Scheitern mußte er
und scheitern seine Pläne an seiner eigenen Unklarheit und der
seiner Zeit. Der Retter aus der Not hätte aus ganz anderm
Stoff zusammengesetzt sein müssen. Denn kläglich war sein Ende
und kläglich, was er als Bild der besseren Zukunft sich vorstellte
und versprach. Es fehlte ihm die Selbständigkeit der Anschau-

ung, die Sicherheit der Ueberzeugung und die Unerschütterlichkeit des Charakters.

Zunächst brang ihm nicht aus der eigenen Seele, was er sagte. Der Begharde oder Predigermönch aus einem deutsch-böhmischen Dorf hatte sich den Pauker zum Werkzeug erkoren. Der erregbare Junge, der bekannte und gewandte Spielmann und Sänger schien ihm, nicht mit Unrecht, die richtige Mittels-person, durch die sich die husitischen Lehren unter das fränkische Landvolk am leichtesten und besten leiten ließen. Rasch faßte der gelehrige Schüler den Stoff und ersetzte, was ihm an Bildung abging, durch Lebhaftigkeit und Begeisterung. Nur diese persön-lichen Eigenschaften und was von ihnen gewirkt wird, sind an dem Pauker originell, die Grundgedanken dessen, was er vortrug, stammen aus Böhmen, sind taboritisch. Die destruktiven Lehren des Paukers decken sich mit denen des radikalen Taboritentums in Böhmen, konnten aber für die Dauer einen Boden in Deutsch-land nicht finden. Sein Anstoß wirkte rasch, ja plötzlich, aber nicht auf lange Zeit; die Bewegung in Deutschland nahm eine andere Richtung und Gestalt. Schon der erste Punkt seiner Lehre, durchaus taboritisch, Papsttum und Kaisertum zu verwerfen wurde nach wenig Dezennien vom süddeutschen Bundschuh aus-drücklichst abgelehnt: Kaiser und Papst sollten vielmehr die ein-zigen Gewalten auf weltlichem und geistlichem Gebiete werden, wenn die Reform in ihrem Sinne durchging. Böhm wollte ein Reich Gottes auf Erden stiften, den Unterschied der Stände abschaffen, das Sondereigen aufheben und einen communistischen Staat gründen, wie es die Taboriten beabsichtigten und Ziska zum Teil durchgeführt hatte. Allein abgesehen davon, daß das Ende des taboritischen Ideales in Böhmen nicht zur Nacheiferung ansporute, fehlte dem Charakter der deutschen Bauernschaft die Ueberspanntheit des taboritischen Radikalismus.

Dennoch verwehte der Wind den ausgestreuten Samen nicht spurlos. Die Idee des Communismus wucherte unter dem Land-volke fort, d. h. sie erzeugte Reformgedanken und Reformversuche im deutschen Sinne und den deutschen Agrarverhältnissen ent-sprechend. Es blieb der Satz Böhm's, daß die „Fisch in dem Wasser und das Wild auf dem Felde sollen gemein sein", bestehen und wurde noch ausgedehnt auf Wunne,[1]) Weide und Wald, d. h. die deutschen Bauern verlangten jetzt ihre verlorenen Markrechte wieder. Neben dem Sondereigen waren bis ins 15. Jahrhundert herein in den meisten Gegenden Deutschlands Wald und Weide, Wege und Wasser, Moore (Möser) und Heiden Gemeineigen geblieben, an dem jeder Dorfgenosse seinen Anteil hatte. Die Grundherrschaften hatten aber, wie im Eingang gezeigt worden ist, die bäuerlichen, vollfreien Grundbesitzer zu verdrängen verstanden und die Markrechte, also jenes Gemeineigen, sich angeeignet oder wenigstens die ausschließliche Verfügung darüber zu ihrem Vorrechte gemacht. Zuerst war das Jagd- und Fischereirecht verloren gegangen, das erstere ist schon in den Landfrieden von 1395 und 1398 nur noch den Fürsten, Grafen und Herren, der Geistlichkeit und den Reichsstädten zugesprochen. Aehnlich erging es mit der Fischerei und mit dem Nutzungsrecht an Wald und Weide. Es leuchtet ein, daß diese Umwandlung und Entziehung früherer Rechte zu einem täglich empfundenen Verlust und Nachteil jedes einzelnen Bauern werden mußte. Zu ihrem Vergnügen hegten die Herren das Wild, welches den Samen abfraß und die Felder verheerte. Die Selbsthilfe war dem schwer getroffenen Bauern nicht gestattet und auf seine Klagen wurde nur selten ein Gewicht gelegt. Auf die gemeinen Weideplätze hatte er früher sein Vieh in der guten Jahreszeit getrieben und dadurch viel an Futter erspart; jetzt verwehrte ihm dies der Grundherr entweder ganz und gar oder er gestattete es nur gegen eine Leistung in Geld oder anderer Art. Im Wald durfte der Bauer früher sein Bau- und Nutzholz unentgeldlich schlagen, jetzt mußte er auch dafür zahlen. Es war ganz natürlich, daß die Erinnerung an diese verlorenen Rechte den lautesten Widerhall bei der ländlichen Bevölkerung fand. Stimmte ihr doch, wenn auch vereinzelt dastehend, hierin ein Mann wie Gabriel Biel bei, der es für eine Ungerechtigkeit erklärte, daß die Obrigkeiten ihren Unterthanen die alten Rechte an Wald, Wasser und Weide verkürze oder ganz nehme, und daß die Gutsherren den Bauern keinen

---

[1]) Wunne == durch Sichel und Senfe zu gewinnendes oder abzuweidendes Gras. Schmeller-Frommann.

Erſatz für den Wildſchaden leiſten oder ihnen das Wild zu
ſchießen verwehren wollten.[1]) Die klare und beſtimmte Rück-
forderung derſelben, welche Böhm zuerſt in Deutſchland ausſprach,
verſtummte ſeitdem nicht mehr; ſie iſt die größte und beinahe
die einzige Nachwirkung der Predigt des Niklashauſer Propheten
geweſen, und zwar keine unfruchtbare. Das Jahr 1476 wurde
in dieſer Beziehung zu einem bedeutungsvollen Wendepunkt in der
nicht mehr zum Stillſtand gebrachten agrariſchen Bewegung, die
hierin wenigſtens dieſe eine Klärung gewonnen, dieſes eine poſitive
Ergebnis erreicht hatte. Soweit die radikalen Auswüchſe, die
gefährlichen Phantaſtereien des Taboritentums vom deutſchen
Landvolk abgewieſen wurden, muß man in dieſer Beſchränkung
der ſocialen Frage eine heilſame und geſunde Reaktion erblicken,
welche eine Gewähr für die Durchführung einer maßvollen und
berechtigten Reform auf den erſten Blick zu leiſten ſcheint. Aber
ſelbſt dieſe Beſchränkung auf die Wiederherſtellung der alten
Markrechte führte doch wieder mit Notwendigkeit zur Revolution,
nicht zur Reform; denn die letztere war ſelbſt auf dieſer Grundlage unmöglich. Das Beſitzrecht der Grundherrſchaften, auf
welche Weiſe es auch entſtanden ſein mochte, ließ ſich nur durch
eine gewaltſame Umwälzung wieder außer Kraft ſetzen und die
Wiedereinführung der Markgenoſſenſchaft wäre ebenſowenig auf
friedlichem Wege möglich geweſen. So lag ſelbſt in dem geringen
Reſte von dem, was aus der Niklashauſer Wallfahrt ſich als
nachhaltig erwies, ohne Zweifel der Keim der ſocialen Revolution.

Bald da bald dort blitzt es ſchon wie Wetterleuchten am dunkeln
Himmel auf: das waren die Vorboten des Gewitters, das ſich
immer dichter und ſchwerer zuſammenzog. Beſonders im Süd-
weſten Deutſchlands, wo die Agrarverhältniſſe, die wirtſchaftliche
und kulturelle Entwickelung und die Nähe der Schweiz zuſammen-
wirkten. Nirgends in deutſchen Landen hatte die Güterverteilung
und die Kleinſtaaterei eine ſolche Ausdehnung erlangt wie hier.
Herrſchaft ſaß bei Herrſchaft meiſt in der Selbſtändigkeit eines

---

[1]) Biel ſtarb 1495. Sein Hauptwerk collectorium sententiarum er-
ſchien 1501 zu Straßburg.

unabhängigen Reichsstandes: ein über ein großes Territorium gebietender Landesherr, der die Grundherrschaften im Zaum gehalten hätte, fehlte. Das ehemalige große Herzogtum Schwaben war in eine Unmasse kleiner Gebiete auseinander gefallen; im größten derselben, dem Herzogtum Würtemberg, waltete in Bälde ein gefährlicher Tyrann. In solcher Lage schaute das Landvolk auf die Bürger- und Bauernfreiheit der benachbarten Schweizer mit wachsender Begierde, sie nachzuahmen[1]). Dort hatten die Thalgemeinden es verstanden sich ihre alten Freiheiten zu erhalten; die nämlichen hatten auch in Schwaben bestanden, waren aber von den Grundherrschaften aufgehoben worden: Grund genug für die geistig lebhafte Bevölkerung ihre Emancipation als unverrücktes Ziel im Auge zu behalten und selbst auf gewaltsame Weise durchzusetzen. Nebendem übte auch das Bürgertum, das sich in den Städten Ulm, Augsburg, Kolmar, Straßburg und andern bedeutsam und vielseitig entwickelt hatte, seinen Einfluß, wie nicht minder, was bedeutende Männer wie Geiler, Brand, Bebel, zu geschweigen der kleineren Geister, in Wort und Schrift zum Volk in seiner Sprache redeten. Es kann also die Wahrnehmung nicht überraschen, daß gerade im südwestlichen Deutschland immer wieder die Versuche auftauchten die Lage des Bauernstandes günstiger zu gestalten und daß der Hauptheerd dessen, was man die Vorspiele der socialen Revolution genannt hat, in diesem Teile Deutschlands zu finden ist.

---

3. Neues Wetterleuchten.

Die Reihenfolge der Begebenheiten führt uns zunächst an den Lech, welcher Schwaben seit alter Zeit von dem Herzogtum Bayern trennte. Die Bauern, welche am schwäbischen Ufer desselben wohnten, gehörten verschiedenen Herren; auch die bayrischen Herzoge besaßen Unterthanen unter denselben. Im Jahre 1486 erhoben sie sich, angestiftet von einem Augsburger Prediger, der nach den geringen Nachrichten, die über ihn erhalten sind, gegen das Papsttum, besonders gegen Gregor VII. und

[1]) Roscher, Geschichte der Nationalökonomik S. 21.

gegen die Geistlichkeit aufregende Worte unter das Volk warf.
Zweierlei Forderungen stellten sie. Sie wollten die kirchlichen
Abgaben auf den Levitenzehnten beschränken und die Abgaben
an ihre Grundherren in eine Geldleistung umwandeln d. h.
den Zehnten abschaffen und einen fixirten Bodenzins einführen.
Ferner verlangten sie, ihre Richter selbst und zwar aus ihres
gleichen wählen zu dürfen: sie wollten also in dieser Zeit der
Rechtsunsicherheit und der allgemeinen Abneigung gegen gesetzte
Richter ohne Umschweif zur altgermanischen Gerichtsverfassung
und Rechtsprechung zurückkehren. Merkwürdig ist, daß die Augsburger Jahrbücher eines Sender und Gasser nichts von dieser
Erhebung berichten. „Im 1486. Jar — erzählt eine chronistische
Aufzeichnung[1]) — ist auch ain Bayerischer Aufrur gewesen. Die
Pauren stunden auf und wolten den Geistlichen nit mehr, dann
(als) den Zehnten geben, und jeder seinem Herrn nit mehr,
dann zwainzig Pfennig und ein(e) Hennen; und wolten nur vier
Gericht des Jars. Und wolt ain jeder Flech von den ihren
dreizehn Männer haben, die solt man wählen und darzu nehmen
und aller Gebot und Urteils erwarten. Die dreizehn wolten sie
ihren Herrn schicken, daß sie darunter einen Ammann oder
Richter erwelet (erwählten), der bei den zwölfen säß. Das hat
ain Maister zu Augspurg geprediget und auf die Bahn gebracht,
der hieß Maister Matheis Korsang"[2]). Natürlicher Weise gingen
die Herrschaften auf diese Forderungen nicht ein, sondern ließen
ihre armen Leute durch Gelehrte aus der heiligen Schrift, dem
kaiserlichen und päpstlichen Recht über ihre „Gerechtigkeit" d. h.
Rechtsansprüche belehren und mit Drohungen zum Gehorsam

[1]) Hormayr, Taschenbuch für die vaterländische Geschichte Jahrg.
1834, S. 147. Meine Bemühungen näheres zu erfahren waren bisher erfolg-
los, bes. auch in Betreff des Magister Math. Korsang. Manches ist in dem
angeführten Bericht räthselhaft; ich werde hierüber an einem andern Ort
zu reden haben.

[2]) Von diesem Matthäus Korsang berichtet v. Stetten, Geschichte der
Reichsstadt Augsburg I S. 55 nach Crusius, Ann. Sueviae lib. paral. C. XVIII,
er habe zu Zeiten Heinrichs IV. diesen Kaiser wider den Papst in Predigten
und Schriften öffentlich vertheidigt und deßwegen beinahe einen Aufruhr
unter dem gemeinen Mann angerichtet. In der Zeitangabe irrt Stetten
gewaltig, denn Korsang gehört ins 15. Jahrhundert.

auffordern. Daraufhin rottirten sich die Bauern geführt von einem Heinz von Stein. Die Bauern wurden geschlagen: „der Adel und die ordentlich Obrigkeit lag ob". Den Hauptmann der Bauern fing man, „der sagt ihnen alle der Bauern Geheimnisse und Anschläg, die sie hatten". — Also auch hier ein kaiserlich gesinnter Geistlicher, der gegen die Ansprüche der Hierarchie das weltliche Recht vertritt; auch hier die naturgemäße Verbindung kirchlicher und weltlicher Forderungen; auch hier das Verlangen nach Autonomie; endlich auch hier die absolute Weigerung seitens der Herren, auch nur das 'geringste Zugeständnis zu machen. Obwohl wir über den Anstifter dieser Bewegung so viel wie nichts wissen: das ergibt sich doch mit Sicherheit, daß auch er zu der großen Zahl jener ernsten Männer gehörte, welche unentwegt eine „Reformation an Haupt und Gliedern" verlangten und sich von dieser Forderung durch nichts, auch nicht durch die diplomatischen Kunststücke der Hierarchie abbringen ließen. Kaum fünf Jahre darnach (1491) erhob sich lang verhaltener Unwille in der nächsten Nachbarschaft dieser Gegend. —

Im Gebiete der Abtei Kempten war die Bauernquälerei seit langem heimisch; dort wurde sie systematisch betrieben[1]). Die geistlichen Herren dieser Landschaft übertrafen noch die weltlichen in der Verschlagenheit und Hinterlist, ihre Unterthanen um Recht und Freiheit zu betrügen. Als in den achtziger Jahren des fünfzehnten Jahrhunderts der Abt Johannes die Regierung übernahm, glaubten manche durch sein versöhnliches Auftreten bewogen, er werde durch gerechtes Regiment das viele und grobe Unrecht seiner Vorgänger gut und vergessen machen; aber bald „verwandelte sich das Schaf in einen Wolf". Er überbot noch das Verfahren früherer Aebte, die freien Bauern zu Zinsern und die Zinser zu Leibeigenen herabzudrücken. Wer sich gegen diese tyrannische Willkür sträubte, wurde vom geistlichen Gericht so lange gequält, bis er nachgab oder Haus und Hof verließ. Die Zinser, welche ein Gotteshausgut in Pacht nahmen, mußten sich zu unerschwinglichen Lasten bequemen. Die freien Leute

---

[1]) Haggenmüller, Geschichte der Stadt und gefürst. Grafschaft Kempten I, 405 ff. Zimmermann, Geschichte des großen Bauernkriegs I, 14.

betrog man um ihre Freiheit, wo man konnte; vater- und mutterlose Waisen wurden ihres Erbes beraubt und samt ihren Vormündern gezwungen sich in die Leibeigenschaft zu verschreiben. Leibeigene beerbte nach ihrem Tod der Abt zur Hälfte. Die Zinsen und Steuern wurden nach Willkür ins Ungemessene erhöht und was sonst des Unrechts noch mehr war. Den Klagen hierüber setzte man mit schamloser Offenheit die Rede entgegen, der Abt mache es nur wie andere Herren. In den Jahren 1489—91 brach dazu noch Teurung und Hungersnot herein infolge einer Mißernte, die bis über den Rhein hinüber sich erstreckte, und trotzdem forderte der Abt eine neue, jetzt unerschwingliche Steuer. Die erschöpfte Geduld trieb nun die Unterthanen zum Aufstand, d. h. sie beschlossen zwar aufs neue den Rechtsweg einzuschlagen, aber diesem Versuch durch bewaffnete Vereinigung mehr Nachdruck und Ernst zu verleihen. Im November 1491, während ihr Herr abwesend war, versammelte sich die ganze Landschaft an der alten Malstätte zu Luibas und pflegte Rats, „wie sie sich mit einander vereinen möchte, Recht zu begehren von Herren und Städten des schwäbischen Bundes, damit sie bei den Stiftbriefen geschützt würde". Das Bündnis wurde beschworen, bei Durach bezogen die Bauern ein Lager. Die Stadt hielt zu ihnen. An ihrer Spitze stund ein Hauptmann, Jörg Hug von Unterasried, den der Abt den „Hus von Unterasried" nannte, weil er mit kluger Rede die Sache der Bauern vor dem schwäbischen Bunde vertrat. Allein letzterer ließ sich nur mit Mühe bewegen, die Klagen der gepeinigten Bauern anzuhören und sein Entscheid fiel lediglich zu Gunsten des Bedrückers aus. Kein Wunder, daß die Bauern sich entschlossen ihre Sache vor den Kaiser zu bringen. Ihr erster Abgesandter, Heinrich Schmid von Luibas, wurde aber unterwegs niedergeworfen und verschwand spurlos; sei es daß der Abt ihn sogleich töten ließ oder daß er in einem dunkeln Verließ langsam verschmachtete. Mehr Glück hatte der zweite; er drang bis zum Kaiser vor und kehrte nach langer Zeit unversehrt heim. Obwohl der Abt zur Verantwortung vor den Kaiser geladen war, mischte sich der schwäbische Bund wieder in die Sache, zog sie Monate lang hin und ließ zuletzt die Nichtsahnenden von

Reitern und Fußgängern in ihren Behausungen überfallen, sie zum Teil gefangennehmen und an Hab und Gut beschädigen. Auf 30000 Gulden wurde der vorgeblich angerichtete Schaden geschätzt. Hernach wurde abermals ein Tag von Bundes wegen in Memmingen gehalten. Neben den Bundeshauptleuten und einer Anzahl von Bundesräten erschienen der Abt und sein Convent einerseits und zweihundertzweiundfünfzig Vertreter der Landschaft aus den Dörfern andrerseits. Der gütliche „Austrag", der getroffen wurde, war dem Abte weit günstiger als seinen Unterthanen. Von den unrechtmäßigen Lasten wurde im Grunde keine hinweggenommen, gegen neue Gewaltthaten keine schützende Schranke aufgerichtet. Das Schiedsgericht von sechs unparteiischen Männern, welches bestellt wurde, die Klagen und das Verhältnis der streitenden Parteien in Ordnung zu bringen, war höchstens geeignet die Angelegenheiten ins Unendliche zu verschleppen: eine Aenderung oder Besserung ließ sich nicht von ihm erwarten. In der That blieb so ziemlich Alles beim Alten. „Der Abt setzte die früheren Bedrückungen fort, ließ sich bei Verleihung der Bestandgüter über die angemaßten Rechte Verschreibungen von Freien und Zinsern ausstellen; Zinser, welche wegen eines Vergehens zur Strafe gezogen wurden, mußten sich zu Fall- und Hauptrecht verpflichten; man zwang Zinserinnen sich als Leibeigene, freie Frauen sich in die Zinserschaft an das Gotteshaus zu ergeben und die Vogtleute zur Zahlung eines erhöhten Schirmgeldes". So wurde das Letzte beinahe ärger als das Erste. Für den Augenblick hatte man den Widerstand gebrochen, aber der Gedanke ihn zu erneuern erfüllte alle. Löste bei irgend einer Gelegenheit der Wein die Zunge, dann kam es zu Tage, daß man unablässig darauf sann, „mit dem Abte abzurechnen", ja man wagte es dann sogar wieder das Zeichen des Aufruhrs, den Bundschuh, aufzupflanzen, wie es bei einer Hochzeit in der Vorstadt Kempten bald darnach geschah[1]). Zündstoff war mehr als genug vorhanden; ihn wegzuräumen fiel weder Abt noch Convent ein; im Gegenteil, im Uebermut wurde er vermehrt, als ob es keine Gerechtigkeit und keinen Tag der Rache geben

---

[1]) Haggenmüller, a. a. O. S. 415.

Vogt, Vorgesch. d. Bauernkrieges.　　　　8

könne. Wir werden aber sehen, daß dieser Tag doch hereinbrach; freilich erst nach Dezennien war das Maß voll. Es wäre nichts Erstaunliches gewesen, wenn diese Kemptener Bauern schon jetzt zu den Waffen gegriffen hätten. Sie thaten es nicht; aber andere ließen sich nicht so lange foltern.

Im Jahre 1486 verursachte, wie schon angedeutet worden ist, eine Mißernte durch ganz Deutschland eine große Theurung, welche sich in den folgenden Jahren in einigen Gegenden bis zur Hungersnot steigerte. Das Mitleid der Herren milderte nur in seltenen Fällen die Not ihrer Unterthanen. Unbarmherzig wurden die Abgaben verlangt, obwohl sie nicht zu erschwingen waren. Die Erbitterung erzeugte den Gedanken an Widerstand und Bündnisse der Notleidenden und Unterdrückten. Um Schlettstadt begegnete man im Jahre 1493 einer solchen schon mächtig angewachsenen Vereinigung,[1]) die nicht blos Bauern, Unterthanen des Bischofs von Straßburg, umfaßte, sondern auch Bürger, selbst den Bürgermeister Hans Ulmann von Schlettstadt; sie reichte von Andlau bis Villé. Aus dieser ganzen Gegend hatten sich die Bauern dem Bunde angeschlossen, darunter „viele verdorbene Leute, die sich zu heimlichen Anschlägen mit Eiden verpflichteten." Am einsamen Hungerberg hielten sie ihre Zusammenkünfte; der Ort war nicht ohne Absicht gewählt. Es war auf große Dinge abgesehen. Als Bundeszeichen wurde ein Banner mit dem Bild des Bundschuhes gewählt, „damit der gemeine Mann zuliefe". Ganz Elsaß sollte in den Bund gebracht werden und wenn er auch dann noch nicht stark genug wäre seine Pläne durchzusetzen, sollten die schweizerischen Eidgenossen herbeigerufen werden. Die Pläne selbst waren weitgreifend und ihrem Wesen nach demokratisch, wohl nach schweizerischem Muster. Das bestimmter sich gestaltende Programm ist ein Anzeichen des fortschreitenden Prozesses. Im Vordergrund steht die Ausrottung der Juden, dann sollte ein Jubeljahr eingeführt, Zoll und Ungeld aufgehoben und alle Schuldbriefe vernichtet werden. In

---

[1]) Chronik von M. Berler im code historique et dipl. d. l. ville d. Strassbourg I, 104. Zimmermann, Geschichte des großen Bauernkriegs I, 19 ff.

Zukunft solle das Volk nach eigener freier Bewilligung steuern und jede Gemeine sich selbst richten: also auch hier die Selbstverwaltung und das Volksgericht. Das geistliche und weltliche Recht war gleich verhaßt; darum seien abzuthun „erstlich alle Prozessen, Mahnbrief, Ladbrief oder Bannbrief des geistlichen Rechts zu Straßburg, darnach das kaiserlich Hofgericht zu Rottweil. Auch so sollten todt und ab sein alle unverzogen Recht."[1] Nebendem wollten sie an die allgemein empfundenen Mißstände in kirchlicher Hinsicht die Hand anlegen. Aber sie forderten nicht nur die Abschaffung der Pfründenhäufung in ihrem fünften Artikel: „Welcher Pfaff mehr dann eine Pfründ hätte, dem sollten sie genommen und ihm nicht weiter, dann des Jahrs fünfzig oder sechzig Gulden gegeben werden," sondern sie griffen auch kirchliche Institute in kühner Weise an mit dem Verlangen, die Klöster „abzuthun", und die kirchliche Lehre durch die Verwerfung der Ohrenbeichte.[2] Die Anklänge dieser Forderungen an die Reformation des Kaisers Sigmund sind nicht zu verkennen.

Man sieht, diese Elsäßer Bauern dachten in ihren Versammlungen an eine Veränderung von Grund aus und zwar auf gewaltsamem Weg; anders wäre das auch bei ihrer Absicht nicht möglich gewesen. Zunächst wollten sie sich, um einen festen Platz und die nötigen Mittel zu gewinnen, in den Besitz des wohlbefestigten Schlettstadt setzen und dort das städtische Vermögen und den Besitz der Klöster an sich reißen. Von diesem Mittelpunkte aus konnte dann, so meinten sie, das Werk weiter fortgesetzt werden. — In der Charwoche wollte man zuerst Schlettstadt nehmen. Allein bevor dies geschah, war der Anschlag durch Verrat oder Ausplauderei zu nichte gemacht. Die Verschworenen wurden gefangen genommen, soweit sie sich nicht im letzten Augenblick durch die Flucht in Sicherheit brachten. Die Strafen waren schwer: Enthauptung, Landesverweisung, Verstümmlung an

---

[1] verzügen (verziugen) mit Zeugnis überwinden, überführen. Sachsenspiegel I, 7,46. ed. Weiske-Hildebrand Glossar S. 193. Also unverzogen = nicht bewiesen, unbewiesen, unbezeugt.

[2] Siehe die fünf (offenbar nicht vollständigen) Artikel bei Schreiber, der Bundschuh zu Lehen. S. 43.

Händen und Fingern. Der eine der Führer, ein Bauer Namens Claus Ziegler, wurde zu Schlettstadt gevierteilt; den andern, den schon genannten Bürgermeister Ulmann, traf das gleiche Loos zu Basel. Furchtlos starben die beiden und in der festen Ueber= zeugung, daß der Tag der Rache kommen werde und keine Gewalt das Werk hindern könne, welches nach ihrer Ansicht unabwendbar war. „Man sagt — erzählt Matern Berler — daß diese beid an ihren letzten Enden hätten gesprochen: Der Bundschuh müßt ein Fürgang haben, es stund lang oder kurz (an)." In dieser ahnungsvollen Ueberzeugung lag nicht blos ein Trost für diese Unglücklichen im Tod, sondern auch etwas Bewundernswürdiges für den Zuschauer. —

An den sogenannten Käse= und Brodvolkkrieg[1]) muß an dieser Stelle auch erinnert werden, obwohl er nur eine be= waffnete Volkserhebung gegen unerträglichen Steuerdruck ist und uns bis hinab in die Niederlande führt: er fällt in das Jahr 1492. Als der nachmalige Kaiser Maximilian I. zur Unterhaltung seiner Reiter von den Niederländern neue Steuern forderte, erhoben sich die Westfriesen, Kennemern und Waterländer, da sie sich außer Stand fühlten zu bezahlen. Denn infolge der fortwährenden Kriege war die Bevölkerung verarmt und Maximilian hatte gegen das Recht den Geldwert um ein Drittel herabgesetzt. Die Unzufriedenen, welche sich in Alkmaar sammelten, führten ein Brod und einen Käse in ihrer Fahne. Durch das Versprechen des Statthalters Johann von Egmont, die verhaßte Steuer werde zurückgezogen werden, ließen sie sich beschwichtigen. Als aber dies nicht geschah, griff Alles zu den Waffen. In Haarlem öffnete der Säbel dem wütenden Bauernvolk die Thore, während die Bewohner von Leyden sich tapfer und mit Erfolg der Ein= nahme ihrer Stadt erwehrten. Da rückte Albrecht von Sachsen mit Heeresmacht heran; vor dem Schrecken seines Namens schon beugten sich die Aufständischen und streckten die Waffen. Der Schluß= akt war nun auch hier wie anderwärts Demütigung und Strafe. Barfuß und mit einem Strick um den Hals mußten die Abge= ordneten der Dörfer und Städte ihren Frevel abbitten, außerdem aber alle Beteiligten eine ungeheure Geldbuße leisten. —

---

[1]) Wenzelburger, Geschichte der Niederlande I, 357.

Die Abtei Ochsenhausen lag in Oberschwaben an dem Flüß=
chen Rottum, das von Süden her der Donau zufließt. Sie
hatte viele Hintersaßen, gegen welche die Aebte und ihre Be=
amte sich mannigfache Uebergriffe zu schulden kommen ließen, ohne
daß es trotz mancher Späne zu größeren Händeln gekommen
wäre. Als aber 1497 die Schwiegermutter des Heinz Dinkmuth
starb[1]) und „merklich Hab und Gut', namentlich auch eine merk=
liche Summe Gelds in einem Säcklein" hinterließ, da nahmen
die Amtleute des Abts die ganze Hinterlaſſenſchaft, obwohl die
Tochter der Erblaſſerin, nämlich die Chefrau des genannten
Heinz Dinkmuth, noch am Leben war. Dieſer ließ die brutale
Rechtsverletzung nicht ruhig geschehen, ſondern rief den Rat der
nahe gelegenen Reichsstadt Ulm als Schiedsrichter an. Bei der
Unterſuchung kamen schlimme Dinge über unberechtigte Anſprüche
auf den Heuzehnten, auf Bezahlung des Brenn= und Bauholzes
an's Licht, besonders aber daß die letzten vier Aebte das alte
Herkommen in Erbſchaftsſachen umgeſtoßen und ihnen nicht ge=
hörendes Eigentum an ſich geriſſen hätten. Die Verteidigung
des Abtes war kläglich, den Eid, den er auf ſeine vermeintlichen
Rechte leiſten wollte, nahm mißtrauiſch die Klagpartei nicht
an und wendete ſich an den schwäbiſchen Bund, mit ihr 500
Gotteshausleute, die ſich aus 38 Ortſchaften nächtlicher Weile
unter den Waffen zuſammengeſchworen hatten, „um die mancher=
lei Irrungen und Späne, darinnen ſie ohne Entſcheid mit dem
Abt hingen, zur Entscheidung zu bringen." Während des langen
Rechtsstreites verweigerten ſie alle diejenigen Abgaben, die ſie als
unberechtigte Forderungen anfochten, und trieben einmütig
zuſammenſtehend die Vögte des Abtes mit bewaffneter Hand ab,
ſo oft dieſe die beanſpruchten Abgaben mit Gewalt eintreiben
wollten. Es war nahe daran, daß es zwiſchen dem Abt, dem
der ſchwäbiſche Bund Kriegsleute zuſchickte, und ſeinen Unterthanen
zum offenen Kriege gekommen wäre. Das energiſche Dazwiſchen=
treten der Städte Memmingen und Ulm verhinderte dies; die
Ulmer aber erklärten rundweg: „Hinlegung der Irrung ſei nur
in Milderung der Beſchwerden zu finden." Es kam zu einem

---

geschriebenen Vertrag durch schiedsrichterlichen Spruch im Jahre
1502. Die Hintersassen mußten zwar barhaupt und barfuß
allesamt vor dem Abt erscheinen und ihn fußfällig um Verzeihung
bitten, neu huldigen und eine Geldstrafe zahlen, aber in der
Hauptsache gewannen doch die Gotteshausleute. Alle Dinge,
welche der Abt gegen das Herkommen bisher verlangt hatte,
wurden ihm abgesprochen, in erster Linie die Beerbung; die
Falllehen wurden in Erblehen umgewandelt, und jedem die freie
Verfügung über seine fahrende Habe zugestanden. Es war ein
seltener Fall, daß derartige Irrungen einen solchen Ausgang
nahmen. —

Im nämlichen Jahre, in welchem die Gotteshausleute von
Ochsenhausen sich gegen ihren Abt zusammenschwuren, wurde im
Bistum Speyer eine schon weitverbreitete und viel gefährlichere
Bauernverschwörung entdeckt. Sie trägt deutlich den Stempel
an sich, daß sie eine Fortsetzung des Schlettstadter Bündnisses
gewesen ist: der gleiche Geist beherrscht sie. Als Beweggrund
ihres Vornehmens gaben die Führer die unerträgliche Last der
Fronden an: sie seien so beschwert, daß die vierte Stunde der
Arbeit ihnen nicht mehr gehöre. Im Bruchrain zu Untergrum=
bach nahe bei der bischöflichen Stadt Bruchsal war die Geburts=
stätte eines Geheimbundes,[1]) der in Schnelligkeit bis zu
einer Anzahl von 7000 Männern — auch 400 Weiber gehörten
dazu — anwuchs und auch Unterthanen der benachbarten Herr=
schaften umschloß. Die Erfahrung machte die Verschworenen
klug und vorsichtig. Mit der größten Heimlichkeit betrieben sie
ihr Werk, das nach Art der radikaler denkenden Rheinbauern
nicht blos die Abstellung einiger Mißbräuche bezweckte, sondern
von Grund aus dem gemeinen Manne helfen und Kirche und
Reich umändern, wenn nicht stürzen sollte. Das Losungswort,
an welchem die Bundeszugehörigen sich erkannten, drückte bündig
ihre Absicht aus. „Loset — fragte man den Begegneten — was
ist nun für ein Wesen?" Gab er die Antwort; „Wir mögen
vor Pfaffen und Adel nit genesen", so mußte der Fragende, mit

---

[1]) Geissel, der Kaiserdom zu Speyer S. 242 ff. Zimmermann
a. a. O. S. 37.

wem er es zu thun habe. Die Verbrüderung nannte sich Bund=
schuh und wählte sich als Bundeszeichen eine blauweiße Fahne,
auf welcher das Bild des Gekreuzigten abgemalt war, auf der
einen Seite desselben ein Bundschuh, während auf der andern
ein Bauer kniete und die Hände emporhielt; darüber standen
die Worte geschrieben: „Nichts dann die Gerechtigkeit Gottes."
An der Spitze des Bundes befanden sich zwei Hauptleute, in
deren Hände alle den Eid der Treue und der unweigerlichen
Heeresfolge schwuren, sobald sie dazu aufgeboten würden. Die
uns erhaltenen Bundessatzungen gewähren den besten Einblick
in Geist und Wesen dieser Verbrüderung: „Den Bundschuh —
heißt es in denselben — haben wir zusammengethan, auf daß
wir frei sein mögen; drum wollen wir, wann wir in der Zahl
mächtig werden, alle Joch der Leibeigenschaft zerbrechen und mit
Waffen uns freien, weil wir Schweizer sein wollen. Wer in
den Bund geschworen hat, betet täglich fünf Vater unser und
ebenso viel Ave zum Gedächtnis der vornehmsten Wunden unsres
Herrn andächtiglich, knieend, auf daß Gott der Allmächtige unserm
Fürnemen Viktorie und Sieg verleihe. Unsere Schutzheiligen
sollen sein die Himmelskönigin und der h. Zwölfbote Johannes.
Alle Landsobrigkeit und Herrschaft wollen wir abtun und aus=
tilgen und wider dieselben ziehen mit Heereskraft und gewehrter
Hand unter unserm Banner; und alle, so uns nicht huldigen
und schwören, soll man tobtschlagen. Niemals mehr wollen wir
Obrigkeit über uns dulden und Niemand Zins, Zehnt, Steuer,
Zoll noch ander Bete bezahlen, sondern uns aller dieser Be=
schwernisse auf ewiglich entledigen. Zuerst soll man auf den
Bischof von Speyer ziehen gen Bruchsal, weil die Hälfte dieser
Stadt unsre Eidgenossen sind; und ist Bruchsal, leicht wird es
geschehen, in unsrer Hand, dann trifft die Reihe den Markgrafen
von Baden, in dessen Land nichts geschont wird. Sind die
Fürsten und Edelleute gebrochen und ab, so geht der Zug auf
die Domherren, die Stifter und Abteien, die wollen wir gewalten
und austreiben oder tobtschlagen samt allen Pfaffen und Mön=
chen; ihre Güter wollen wir teilen und die Dienstleute der
Kirchen unschädlich machen; auch wollen wir die Leutpriester
ringern, so viel man vermag. In eroberten Plätzen, sowie auf

der Wahlstatt nach der Schlacht, wenn uns Gott Sieg giebt, bleibt der Heerhaufen nicht über 24 Stunden liegen; er soll weiter rücken, bis alles gehorcht. Die Stifter, Abteien, Klöster und andere Gotteshäuser müssen fallen und ausbrennen. Zehnt, Zins, Gült und sonst Steuer, so den Pfaffen und Mönchen seither zugestanden, sind ab und tot für immer. Wasser, Wald, Waid und Haid, Wildbann, Vogeln, Birschen und Fischerei, so seitdem von Fürsten und Herren und Pfaffen gebannt gewesen, sollen frei und offen und Jedermanns sein, so daß jeder Bauer holzen, jagen und fischen mag, wo und wann er will, ohne Bann oder Hinderung, allzeit und überall. Zuletzt wollen wir auf die Stadt Speyer ziehen, sie mit Heereskraft gewalten, die Domherren und alle Pfaffen und Ratsherren und die Reichsten von den Bürgern davon jagen; ihre Habe, fahrende und liegende, wollen wir teilen, und forthin soll im Münster, wie in den andern Gotteshäusern, aller Chorgesang schweigen, und nur ein Leutpriester mag dort die Messe singen und sagen. Wer nicht in unsern Bund schwört und sich ihm widersetzt, mit dem soll man machen, wie mit einem bösen Manne und Durchächter der Gerechtigkeit; er muß sterben ohne Barmherzigkeit. In Summa, wo wir getrauen etwas zu finden, das wollen wir sackmann machen.[1]“ — Abschaffung der Fürsten und des Adels, der hohen Geistlichkeit und des gesamten Klosterwesens; Herstellung eines vereinfachten Gottesdienstes und eines Weltklerus ohne hierarchische Rangstufen; Aufhebung aller Sondervorrechte und Leistungen, unbeschränkte persönliche Freiheit des gemeinen Mannes; wilde Gier nach fremdem Eigentum und Verschleuderung desselben durch Verteilung; radikale Gleichmacherei und grausame Blutgier sind die Grundzüge dieses Programms, dessen Ausführung, wenn sie möglich gewesen wäre, zunächst die Welt in einen Trümmerhaufen verwandelt und dann eine wüste Anarchie herbeigeführt hätte. Die Armut an positiven Gedanken läßt dieses Programm als das Produkt der Unbesonnenheit und Unfähigkeit erscheinen, die erhitzte Leidenschaft hat jede Ueberlegung verdrängt. Nicht einmal darüber sprechen sich die Urheber aus.

---

[1] = rauben, plündern.

ob die beiden großen Gewalten der Welt, Papſttum und Kaiſer-
tum, das Loos der kleineren Autoritäten teilen ſollten oder nicht.
Am Vorabend des Georgitages 1502 ſollten mit gewehrter
Hand die, welche zum Bund geſchworen hatten, ſich verſammeln,
um Bruchſal zu überfallen. Aber bevor der Tag gekommen
war, hatte ein Verſchworener, von ſeinem Gewiſſen gepeinigt,
dem Biſchof Alles entdeckt. Dieſer hatte ſchleunige Mitteilung
an den Kurfürſten von der Pfalz und die benachbarten Landesherren gemacht und mit ihnen energiſche Maßregeln getroffen[1]).
Ehe die Hauptleute und Rädelsführer des Bundes das geringſte
ahnten, wurden ſie nächtlicher Weile aufgehoben und in ſicheres
Gefängnis gelegt. Die Uebrigen erſchraken über das Geſchick
ihrer Führer dermaßen, daß einige flohen, die meiſten den
Biſchof um Gnade anflehten. Bund und Verſchwörung waren
dahin. Der Kaiſer, dem genauer Bericht erſtattet wurde, hielt
die ſtrengſte Strafe für geboten. In einem Mandat an den
Biſchof befahl er: „Alle und jede, die in den Bundſchuh
geſchworen, ſollen ſterben, wenn es ſich ausweiſt, daß ſie ſechzehn
Jahre alt und freien Willens waren, als ſie den Schwur gethan“.
Die Rädelsführer ſollten geviertteilt, ihre Kinder aus dem Land
vertrieben, die Hauptleute des Bundes durch Pferde zu Tod
geſchleift werden. Wer irgend wie ſchuldig war, empfing ſeine
Strafe nach des Kaiſers Befehl. Die Bauern ließ man meiſtens
laufen, weil ſie verleitet worden ſeien. Gegen eine künftige
Wiederholung ähnlicher Verſchwörungen traf der rheiniſche Kur-
fürſt mit den benachbarten Fürſten Vorſorge auf einem Tag zu
Heidelberg (30. Mai.) Dennoch war dieſer Geiſt nicht mehr
zu bannen.

4. Der Bundſchuh zu Lehen und der arme Konrad.

Ein richtiges Gefühl beſeelte diejenigen, welche die beiden
letzten Verſchwörungen angezettelt hatten, daß man möglichſt viel
Anhänger gewinnen müſſe, um etwas auszurichten. Allein bis

---

[1]) Auf einem Fürſten- und Städtetag zu Schlettſtadt am 29. April
1502. ſ. d. Abſchied Janſſen, Frankfurt. Reichscorreſp. II, 667.

jetzt hatte der Mann gefehlt, der mit Klugheit und weitschauendem
Verständnis die Fäden gesponnen, mit rastlosem Eifer von Dorf
zu Dorf, von Landschaft zu Landschaft Genossen gesammelt und
überhaupt die Vorbereitungen, die ein Gelingen gewährleisten
konnten, getroffen hätte. In der Stunde der Entscheidung versagten
bisher die Werkzeuge und die Einrichtungen den Dienst. Ueber
Nacht entstanden, brachen die Verschwörungen im Elsaß und am
Bruchrain auch in einer Stunde kraft= und haltlos zusammen.
Der Gedanke dem vorzubeugen trieb einen Genossen der letzten
Unternehmung zu jahrelanger, unermüdlicher Thätigkeit an. Joß
Fritz aus Untergrumbach hatte aus seiner Heimat fliehen müssen[1]);
seine hervorragende Teilnahme an der Verschwörung verschloß
ihm die Rückkehr für immer. Aber er wollte sich nicht thatenlos
im Elend verzehren. Was einmal fehlgeschlagen war, mußte
nicht immer mißlingen. Mut und Ausdauer, Welterfahrung
und Vertrautheit mit dem Waffenhandwerk standen ihm bei.
Seit den Tagen des Niklashauser Paukers hatte keiner so
Großes sich vorgenommen wie Joß Fritz. Und dieser erfahrene
Kriegsmann war größer, umsichtiger, besonnener und mutiger
als jener Prophet aus dem Tauberthal. Nicht durch Zeichen
und Wunder, durch verzückte Predigten und weltstürmende Brand=
reden gewann er die Menge, sondern durch eine stille Wirksam=
keit, die von Haus zu Haus ging und im Geheimen einen
Genossen um den andern warb[2]). „Willst du —, fragte er etwa
den, an welchen er sich gemacht hatte — uns auch helfen zu
der göttlichen Gerechtigkeit, so mußt du schweigen und davon
Niemand nichts sagen. Denn du siehest, wie es uns geht, und
daß wir heut um dies und morgen um das ander kommen und
daß man uns nit will lassen bei unsern alten Bräuchen, Rechten
und Herkommen". Oder er versprach, falls der Angeredete zu
schweigen gelobe, ihm eine Sache zu eröffnen, die für ihn und
viel fromme Leute wäre, eine Sache, die göttlich, ziemlich und
recht sei. „Denn sie anders nichts handeln wollten, dann das,
so die heilig Geschrift inhielt und auch für sich selbs göttlich,

---

[1]) Schreiber, der Bundschuh zu Lehen, bes. d. Beilagen.
[2]) a. a. O. S. 74, 91.

billig und recht wäre". Lange Zeit hatte Joß Fritz sich unter
dem Volk auf dem Schwarzwald herumgetrieben, in Horb und
Villingen gelebt, in Lenzkirch oder Stockach sogar geheiratet.
Dann war er in den Breisgau gezogen und hatte in dem Dorfe
Lehen, nur eine Stunde von Freiburg entfernt, bei Balthasar
von Blumeneck die Stelle eines Bannwartes angenommen. Wer
ihn sah, ja sogar beobachtete und hörte, hätte kaum in ihm den
„rechten Ursächer" einer Verschwörung vermutet. Denn listig
und vorsichtig trieb er seine Sache, ein Beweis für seine Gegner,
daß er „aus argem Einsprechen des Teufels" seine „Bübereien"
übte. „Unter einem guten Schein" wußte er Gehör und Ver-
trauen der armen Bauersleute zu erschmeicheln, indem er seine
Reden oft und abwechselnd wiederholte und sich dabei ganz
einfältig stellte. Gewöhnlich begann er über die Zunahme der
Sittenlosigkeit zu klagen, daß „Gotteslästern, Zutrinken, Wuchern
Ehebrechen und ander Uebelthaten so merklich überhand nehmen
und von den Obern nicht gestraft werden". Von dieser Saum-
seligkeit der Obern lenkte er das Gespräch dann geschickt auf die
Beschwerden des gemeinen Mannes gegen die Herrschaften. Die
ihm aufgelegten Lasten seien so groß, sagte er, „daß dadurch
am letzten ein schwer End begegnen und der gemeine Mann
selbs darein sehen muß". Denen nun, welche ihm zufielen,
nahm er das Versprechen des Stillschweigens ab und legte
ihnen oft und abwechselnd wiederholte und „was ihnen zu Nutzen und
gut kommen möcht". Mit „süßer Rede angethan" überzeugte
er gar leicht, denn er wußte, „wo den armen Mann der Schuh
drücket und wo selbiger von Juden und anderen Wucherern,
von Advokaten und Beutelschneidern, von Fürsten, von adeligen
und geistlichen Herren allzusehr mit Lasten und Fronden beschwert worden". Auf diese Weise bereitete er sich den Boden
und fesselte die Bauersleute an sich, besonders solche, welche
„ihre Gemüter allweg auf viel Zehrung und wenig Arbeit
gestellt", auf jene verdorbenen oder wenigstens verschuldeten
Leute, die „ihre Güter mehr, dann sie ertragen mögen, versetzt"
und mit Pfändern und Schulden belastet hatten. Allmählich rückte
er dann mit „seinem alten Handel, mit dem Bundschuh" heraus:
diese Verbindung der Bauern, zeigte er, sei der einzige Weg zur

124

Befferung. Nach einem gleichzeitigen, ihm allerdings feindlich gefinnten Bericht[1]) muß Joß Friz eine außerordentliche Gabe zu überreden hiebei an den Tag gelegt haben; ein Teil seines Erfolges wird aber wohl der allgemein vorhandenen Empfäng= lichkeit der Herzen für solche Worte zuzuschreiben sein. Er habe, so erzählt unsere Quelle, seine Sache „so süß“ vorzubringen verstanden, daß jeder seiner Zuhörer „gemeint von Stund an selig und reich zu werden“. Mehr noch als diese Verführungs= kunst versetzt sein Programm in Verwunderung. Es beweist, daß er in der Verbannung das, was er wollte, tief durchdacht hat: er war reifer geworden. Die Projekte von Untergrumbach, Schlettstadt und Niklashausen überragt sein Verbesserungsplan sehr weit. Seine Forderungen sind klarer und positiver und deshalb dem Bereiche der Möglichkeit näher gerückt als jene; von communistischer Ueberspanntheit halten sie sich frei. Die göttliche Gerechtigkeit, die heilige Schrift, das alte Recht und Herkommen, Schlagwörter, die er mit Vorliebe einfließen ließ, waren verfängliche Begriffe, weil an sich gegen sie mit gutem Grund nichts eingewendet werden konnte; sie waren Instanzen von unerschütterlichem Ansehen. Im Hintergrund seines Zukunfts= traumes steht nicht der Moloch der Anarchie, sondern eine staatliche, kirchliche und sociale Ordnung, deren Bestand an sich wohl denkbar war, deren Aufrichtung aber immer wieder durch die Revolution bedingt wurde. Es wird klar, daß an dieser Klippe jede Reform scheitern mußte. Staat und Kirche denkt sich Joß Friz als die beiden notwendigen und höchsten Gewalten, die im Papst und Kaiser ihre Träger haben, aber nicht durch Untergewalten ihm bedingt erscheinen; für geistliche und weltliche Fürsten hat er keinen Platz, im letzteren Punkt erkennen wir in Joß Friz den Vorläufer des Wendel Hippler, des Vaters des Heilbronner Entwurfes. Man soll, sagt jener, „keinen Herrn denn Papst und Kaiser und vorab Gott haben“. Die Fürsten sind also abzuschaffen, die Geistlichen, lediglich ihrem Berufe zugewiesen, sollen weiter nichts besitzen und empfangen, als was sie not= wendig haben, die Pfründenhäufung wird verboten. Ihr Gut,

---

[1]) Schreiber, a. a. O. S. 45.

also das Kirchengut, sollte „unter ihren Hufen" d. h. gemein=
schaftlich unter das Volk ausgeteilt werden. Die Lasten des
landwirtschaftlichen Besitzes gedachte er auf das geringste Maaß
zu beschränken, ferner eine allgemeine Schuldenerleichterung nach
dem Muster der altrömischen Rogationen des Licinius dadurch
herbeizuführen, daß die schon bezahlten Zinsen von dem Kapital
abzuziehen seien oder, wie er sich selbst ausdrückt, daß „auch kein
Zins mehr" gegeben werden soll, „da der Zins so lang genossen,
daß das Hauptgut eingenommen wär" (das Kapital längst
zurückbezahlt worden wäre). Zugleich forderte er, an den Sack=
pfeifer aus dem Taubergrund anknüpfend, die alten Markrechte
wieder zurück: „die Holz, Feld, Wasser, Vogel, Jagen und der=
gleichen Sachen (sollen) den Armen und Reichen gemein (sein)".
Das „Rotweilisch, desgleichen geistlich Gericht" will er abschaffen,
dagegen das „göttlich Recht" in Kraft treten lassen. Von Ge=
waltthaten will er nur gegen diejenigen etwas wissen, die sich
seiner Reform widersetzen würden: „welcher ihrem Vornehmen
nicht Folge thun (würde), den wollten sie zu tobt schlagen",
also die bestimmte Ahnung, daß es doch ohne Blutvergießen
nicht abgehen werde, obwohl es nachher auf „einen bestendigen
Friden in der ganzen Christenheit" abgesehen war.

Noch schwieriger als der Entwurf eines Programmes war
die Organisation des Bundes. Man muß es bekennen: Joß
Fritz war das Muster eines Parteigängers, ja eines Parteiführers.
Er besaß eine Geschicklichkeit und Ueberlegtheit, die ihn wahrhaft
gefährlich machte. Es ist sehr fraglich, ob selbst unter den
nachmaligen Bauernführern im Kriege des Jahres 1525 ein
einziger ihm gleichgestellt werden kann. Im Mittelpunkte der
Verschwörung stand er selbst zu Lehen im Breisgau; er entwarf
den Operationsplan und überwachte die Ausführung seiner Be=
fehle. Seine persönliche Haltung scheint sein Vornehmen wesent=
lich unterstützt zu haben; erklärte doch sogar der Pfarrer von
Lehen das, was Joß Fritz wollte, für ein „göttliches Ding",
denn die Gerechtigkeit würde dadurch befördert werden, und
Gott selbst wolle es. Auch habe man in der Schrift gefunden,
daß es Fortgang gewinnen müsse. Nach allen Seiten sandte er
seine Gehilfen aus als Boten des Geheimbundes zu wirken und

zu werben. Hieronymus, ein Bäckerknecht aus dem Etschland, ein weitgereister Handwerksbursche, lockte im Breisgau das Volk zum Bündnis. Unter den Missionären, die weithin ins Land zogen, zeichnete sich ferner ein Freiburger Namens Stoffel Veltlin aus, der über den Schwarzwald bis nach Ehingen in Schwaben seine Wanderzüge ausdehnte, daneben ein Enderlin „von Schweinfurt[1]) aus der Reichsstadt am Mayn", dann einer aus Bretten „aus des Pfalzgrafen Landen", Hans von Ulm „ein Sprecher", ein Straßburger Namens Heinrich und verschiedene Wirte in den Dorfschaften und Thälern[2]). Zu diesen ihm nahestehenden Emissären gesellte er äußerst geschickt eine Anzahl an sich ganz unverdächtiger Leute, die täglich ohne Aufsehen überall ein- und auszogen — fahrendes Volk, Hausierer, Pfeifer nnd Wanderburschen; und vor Allem die Landplage der damaligen Zeit, das Volk der Bettler, die förmlich organisiert und unter zehn Hauptleute (Hauptmann-Bettler) gestellt wurden. Denen war nicht blos die Aufgabe zugewiesen für die Verbreitung des Bündnisses zu sorgen, sondern auch am Tag der Erhebung im „Elsaß, in der Markgrafschaft und im Breisgau Feuer anzulegen". Dieser ganzen Gesellschaft fehlte es nicht an einem äußerlichen Erkennungszeichen und einem Losungswort, das ganz ähnlich lautete wie das von Untergrumbach. Mit dem Allen aber hatte sich der erfinderische Geist dieser Verschwörung noch nicht erschöpft. Um unerkannt und ungestört zu sein, nahm man noch das Mittel der Verkleidung zu Hilfe. Jene Rädelsführer, welche Joß Fritz zunächst standen, hatten verschiedene Anzüge, die sie wechselten, um auf ihren Reisen nicht Verdacht zu erregen. Joß Fritz selbst bediente sich des gleichen Mittels, wenn er auszog, um sich von dem Stande der Dinge zu überzeugen oder selbst Mitverschworene zu gewinnen: er trug bald einen „schwarzen französischen Rock mit weißen Hosen", bald ein rothes, bald ein „ziegelfarb Kleid". Bis nach Heilbronn in Schwaben erstreckten sich seine Züge. Natürlich durfte dem Bunde auch eine Fahne nicht fehlen, denn „sobald sie das Fähnlein fliegen ließen, würden

---

[1]) In Schweinfurt war im nämlichen Jahre ein Aufstand der Gemeinde wider den Rat und die Geschlechter. Liliencron a. a. O. III, 120.

[2]) Schreiber a. a. O. S. 49.

die Armen all auf ihre Partei fallen". Es war nicht leicht
die Fahne zu beschaffen; zwei Maler weigerten sich den gefährlichen Bundschuh zu malen, erst ein dritter zu Heilbronn that
dies, als Joß Fritz ihn durch eine erlogene Vorspiegelung zu
überreden wußte.

Die Verschwörung verbreitete sich auf diese Weise außerordentlich rasch. Zu beiden Seiten des Rheins, im Kinzigthal,
um den Kaiserstuhl, in der Markgrafschaft Baden, im Elsaß und
besonders im Hochstift Straßburg waren zahlreiche Anhänger
geworben worden, selbst bis nach Bretten hinab und nach Schwaben
hinüber reichte das Bündnis. Die Bauerschaft, schrieb der
Kaiser Maximilian dem Frankfurter Rat, wolle sich „den ganzen
Rheinstrom ab mit Bündnus und Verstentnus gegeneinander
wider die Geistlichkeit und den Adel zusammentuen".[1]) Sogar
ein Edelmann in der Nähe von Bretten gehörte dazu und es
gab auch Geistliche, die um die Sache wußten.

Die Häupter des Bundes versammelten sich zur Nachtzeit
auf der Hartmatte bei dem Dorfe Lehen. Die Versammlungen
wurden immer zahlreicher besucht. Dort wurden die Bundes-
artikel festgesetzt und mitgeteilt und die Pläne für die Ausführung
des Werkes beraten. In der Hitze der Diskussion verstieg sich
die Phantasie zuweilen zu den seltsamsten Gedanken; man glaubte
selbst den Kaiser für den Bund und sein Programm gewinnen
zu können. Es wurde beschlossen, „kaiserliche Majestät, sobald
der Haufe zusammenkommt, der gemeinen Gesellschaft Vorhaben
zuzuschreiben und, sofern ihre Majestät den Bund nicht annehmen
würde, zu den Schweizern[2]) zu rücken."

> „Auch mainten sie in ihrem Bund zu haben
> Die Eidgenossenschaft[3]) mit manchem wilden Knaben."

Ob diese Hoffnung auf das Reichsoberhaupt ernst gemeint war,
läßt sich nicht mit Sicherheit annehmen. Möglicher Weise glaubten

---

[1]) Frankfurter Reichscorresp. II, 597.

[2]) In der Schweiz gährte es zur selben Zeit sehr stark unter dem
Landvolk. Im Sommer d. J. 1513 erhoben sich die Bauerschaften in den
Kantonen Bern, Luzern und Solothurn bewaffnet wider die Stadtherren.
Zimmermann I, 57 ff.

[3]) Pamphilus Gengenbach, Lied v. Bundschuh.

einzelne der Verschworenen unfehlbar an das **Gelingen**: sie rühmten, daß „ihr Bundschuh bis gen **Köln hinabging**", ja fabelten davon, daß durch „einen Bundschuh soll das **heilig Grab** gewonnen werden." Vorerst war dazu noch keine **Aussicht** vorhanden; zunächst mußte der erste Schritt zur **That** gemacht werden. Im Oktober 1513 waren „alle **Fäden**" soweit gesponnen, daß man dazu übergehen konnte. **Welcher Stadt** man sich bemächtigen wolle, war noch nicht festgesetzt. **Freiburg**, **Breisach** oder **Endingen** waren in **Aussicht** genommen. Immer **geschäftiger** wurden die Verschworenen. Bei ihrer großen **Anzahl** mußte durch ihr Treiben eine unruhige **Bewegung** in der **Bevölkerung** hervorgerufen werden, welche den **Obrigkeiten** nicht entging. Zudem hielten nicht alle ihr Schweigen, das **sie geschworen** hatten. Der Rat der Stadt **Freiburg** war schon **eingeweiht**; er warnte die **benachbarten** Stände und traf **Vorkehrungen** gegen einen **unvermuteten Ueberfall**. Diese **Maßregeln** erschütterten das **Fundament des Bundes**. Bei einer **Versammlung** auf der **Hartmatte**, die in **Abwesenheit** des Hauptmanns **Joß Fritz** abgehalten wurde, wagte die **Mutlosigkeit** Einzelner schon den **Vorschlag**, den Handel ganz zu unterdrücken. Während die Verschworenen **zauderten** und **schwankten**, gingen ihre Gegner: die Stadt **Freiburg**, der **Markgraf von Baden**, die kaiserliche Regierung zu **Ensisheim** mit **Entschlossenheit** vor. Der Rat von Freiburg **entschloß** sich zu einem kühnen **Handstreich**: er schickte in nächtlicher **Zeit** 200 bewaffnete Bürger nach **Lehen**, die sich der **Rädelsführer bemächtigen** sollten. Ein Teil derselben, darunter auch der oberste **Hauptmann Joß Fritz**, war nicht zu Hause, sei es zufällig oder daß sie heimlich gewarnt worden waren und sich in **Sicherheit** gebracht hatten. Die übrigen wurden gefangen genommen und nach **Freiburg** gebracht. Gleichzeitig ging auch der **Markgraf von Baden** gegen seine, der Teilnahme verdächtigen **Unterthanen** vor. Die **Gefangenen** wurden peinlich befragt und machten **Aussagen**, durch welche die hervorragenden Mitglieder der **Verschwörung** bekannt wurden. Ueberall fahndete man auf dieselben; bis in die **Schweiz** hinein verfolgte man die Einzelnen. Der Rat von **Basel** bekam zwei in seine Hände und ließ sich von **Freiburg** und der kaiserlichen Regierung bewegen, sie zu enthaupten. In **Schaffhausen** wurden zwei andere ergriffen und hingerichtet. Mit besonders großer Strenge ging der Rat von Freiburg gegen diejenigen vor, welche in seine Hände gefallen waren; augenscheinlich wollte man sich an ihnen für die Gefahr, in welcher die Stadt geschwebt hatte, bitter rächen und ein warnendes Exempel statuiren. „Alle — erzählt eine Freiburger Chronik — wurden zum Tod verurteilt, viele in vier Teile zergliedert und aufgehenkt; andern aber aus Gnad der Kopf abgeschlagen."

Noch lange dauerten Nachspürung und Verfolgung fort. Der Eifer der Regierungen schien sich erst genug gethan zu haben, als auch der letzte Verdächtige bestraft und, wie sie glaubten, der Feuerbrand gründlich ausgelöscht war. Nur einer entkam allen Nachstellungen: Joß Fritz, die Seele der Verschwörung zu Lehen, war spurlos verschwunden. Es gelang nicht, ihn zu entdecken. „Der recht Hauptsächer entrann, Jopst Fritz, der's Fähnlein bei ihm hat[1])" — sagt ein Lied vom Bundschuh zu Lehen. In der That trug er das Fähnlein des Aufruhrs immer noch und wiederum auf geheimen Schleichwegen im Lande herum; man spürte ihn auf dem Schwarzwald und in der obern Schweiz mit seinen Gesellen noch Jahre lang.[2])

Der aufrührerische Sinn war überhaupt nicht mehr auszurotten. Die strengen Strafen fruchteten nichts. Seit der Bund gesprengt war, waren keine sechs Monate vergangen, als nicht sehr weit vom Breisgau in der Markgrafschaft Baden ein verwegener Bauer den Versuch machte Unruhen zu stiften[3]). In Bühl, südlich von Rastadt, suchte sich ein Bauer, Gugel-Bastian genannt, mit einigen Gesellen den Fronden zu entziehen, die sie ihrer Herrschaft zu leisten hatten. Wenn es auf Bastian angekommen wäre, so hätte er zweifellos einen Bundschuh aufgerichtet. Der Anfang dazu wurde gemacht. „Plan, ihr Gesellen — rief er — ihr habt gehört und gesehen, wie ich mit dem Vogt geredet; nun will ich der arme Kunz sein." Die neuen Zölle auf Wein und Getreide, die Steigerung der Fronden, der

---

[1]) Liliencron a. a. O. III, 137.
[2]) Schreiber a. a. O. S. 121 f.
[3]) Schreiber a. a. O. S. 31.

unerträgliche Wildschaden, eine neue Erdordnung riefen auch in der Markgrafschaft Unzufriedenheit und Erbitterung hervor. Es waren acht beanstandete Punkte, unter denen die vornehmsten folgende sind: „So einem in seinem Weinberg ein Gewild schadet, soll er Macht haben, es zu scheuchen, zu schießen oder zu fangen, wie er's umbringen mag; und so er's umbringt, soll er's, ohne zu freveln, für sich selbst behalten dürfen, und nur, wann er will, dem Vogt davon verehren“. „Die neue Erb= ordnung soll, da ein Ehegemahl das andere nicht erben soll, abgethan sein“. „Die Gültbriefe, deren Zinse dem Hauptgut gleichgekommen, sollten abgethan sein“. Auf einer Versammlung, welche Bastian im Juni 1514 in Bühl abhielt, waren von den Anwesenden diese Beschwerden und gemäßigten Forderungen gestellt worden. Man entschloß sich zum Versuch das Recht zu erwirken oder Gewalt zu brauchen. Schon plante der Führer dieser Ortenauer Bauern die Einberufung einer zweiten Ver= sammlung. Allein die Regierung wußte um die Absicht. Mark= graf Philipp schreckte durch einen reisigen Zug die Bauern und nahm einige derselben gefangen, während Bastian entkam. Aber nach einigen Wochen fiel er in die Hände der Freiburger, welche ihn enthaupten ließen, „weil er Auflauf und Conspiration gemacht“. Während das Haupt des Gugel=Bastian zu Freiburg fiel, stand in Würtemberg der arme Konrad auf.

An Gefahr und Ausdehnung sollte alle bisherigen Erhebungs= versuche in Deutschland der arme Konrad[1]) übertreffen, welcher im Jahre 1514 im Herzogtum Würtemberg aufkam. Dieser Ausbruck bedeutet die Besitzlosigkeit, die Armut: Konrad oder Kunz geht nicht auf eine historische Persönlichkeit.[2]) Mit dieser Selbstbenennung trotzten die „verdorbenen Leute“ über ihre Armut den Besitzenden und Reichen gegenüber, um gegen sie alle gleich= gestellten Elemente zum Kampfe herauszufordern. So wurde der arme Konrad oder Kunz durchaus ein communistisches Schlag= wort, die Firma der communistischen Partei in Stadt und Land,

---

[1]) Stälin, Wirtemberg. Gesch. IV, 92—116. Zimmermann, Gesch. b. Bauernkrieges I, 51—111.

[2]) Vergleiche Ausdrücke, die noch heute gebräuchlich sind, wie reicher Kunz, guter Kerl, wo beides einfach Mensch oder Mann bedeutet.

welche den Reichen ihr Geld und Gut nehmen und unter sich austeilen wollte. Halb Scherz halb Ernst bestand diese Gesell=
schaft schon ziemlich lange; die ersten Spuren des armen Konrad führen bis zum Jahre 1503 zurück. Es waren liederliche Brüder, die bei Würfelspiel und Wein, wenn dazu ein Pfennig vorhanden war, sich über ihre Armut lustig machten, sich mit den Gütern, die sie „im Monde besaßen" oder mit ihren Aeckern und Wein=
bergen auf dem „Hungerberg", am „Bettelrain" oder in der „Fehlhalde" trösteten, aber doch leicht geneigt waren aus leicht=
sinnigem Scherz blutigen Ernst zu machen. Der Haß gegen die Reichen steckte als tiefer Stachel in ihren Herzen. Ihr Wunsch war doch: „Es müsse Gleichheit werden und die reichen Schelme müssen mit den Armen teilen." Mit dieser Gesellschaft mochte der geordnete Bauernstand keine Gemeinschaft haben, so lange ihm die Verhältnisse keinen zwingenden Grund zur Unzufrieden=
heit darboten; aber trat man sein Recht mit Füßen, wurde der Druck von oben immer stärker und unerträglicher, so bemächtigten sich, wie eben damals die Zeit war, selbst des soliden Bauern=
standes leicht Bundschuh-Gedanken und =Gelüste. Diese Stimm=
ung aber, wo sie sich zeigte, benutzte der arme Kunz geschickt, er half einen Bundschuh aufrichten und spielte in der Verbrüderung eine hervorragende Rolle. Daß die an sich conservativen Bauer=
schaften so häufig der weit geringeren radikalen Partei als Beute zufielen, daran trugen die Herrschaften die meiste Schuld. In Würtemberg bewirkte eine verlotterte Beamtenwirtschaft und die Tyrannei eines gewissenlosen und verschwenderischen Fürsten, daß vom armen Kunz ein Bundschuh ins Leben gerufen wurde und von ihm sogar den Namen behielt.

Obwohl die Zeichen der Zeit den Herzog Ulrich mahnten, ein weises und gerechtes Regiment zu führen, vernachlässigte er seine Pflichten in jugendlichem Leichtsinn und Uebermut auf frevelhafte Weise. Die Regierung überließ er seinen Günstlingen, die sich im Amte schamlos bereicherten, Gewalt für Recht gehen ließen und „dem jungen mutwilligen Fürsten zu seinem Ver=
derben zulugten und rieten, eignen Nutz und Gewalt suchend." Der Herzog, seufzte das Volk, lasse in Luxus und Glanz seinen Vorgänger weit hinter sich, der doch nach dem Ausspruche des

9*

Kaisers Maximilian solches Unwesen getrieben hätte, daß „davon zu reden erbärmlich wäre." Feste auf Feste folgten am Hofe: Bankette, Turniere, Fastnachtsspiele und Jagden. Fremde Sänger und Pfeifer, Jäger und Falkner, Pferde und Hunde kosteten ungeheure Summen. Zahlreiche und vornehme Gäste kehrten häufig beim Herzog ein und wurden verschwenderisch bewirtet. Wenn er selbst einen Reichstag oder einen fremden Hof besuchte, trat er mit einer Pracht auf, die weit über seine Kräfte ging. Als er im Jahre 1511 mit einer bayrischen Prinzessin Hochzeit hielt, dauerten die Festlichkeiten vierzehn Tage, in denen 7000 vornehme Gäste verschwenderisch beherbergt wurden: viele meinten damals, „man sollte mit diesen unmenschlichen Kosten ein ganzes Land verthan haben". Kriege, Leistungen für den Kaiser und Anforderungen seitens des schwäbischen Bundes kamen hinzu, so daß die Schuldenlast eine „überschwengliche" wurde. 300000 fl. hatte Ulrich angetreten, 600000 fl. eigener Schulden bis zum Jahre 1514 hinzugefügt.

Der üblen Wirtschaft ging eine freche Behandlung des Volkes durch das Heer der herzoglichen Günstlinge und Beamten zur Seite. Ihrer Willkür war Bürger und Bauer recht= und schutzlos preisgegeben. Die Aecker und Weinberge wurden von dem gehegten Wild verwüstet, die Eigentümer aber hart bestraft, wenn sie dasselbe mit Hunden zu verjagen oder gar zu schießen sich unterstanden. Die Gemeindenutzungen an Wald und Waide eigneten sich die fürstlichen Diener an und vergaben sie zu ihrem eigenen Vorteil. Die Forstmeister bestraften und plagten die Leute, wo und wie sie konnten. Das Recht war feil, die Richter bestechlich. „Was zwölf Jahre zuvor mit zwölf Pfennigen ge= richtet ward, kostete jetzt im Wege Rechtens über zehn Gulden." Die Verfassung mit ihren Freiheiten mißachtete der Herzog; er sah darin einen Raub an seiner fürstlichen Macht. Wie ein Despot des achtzehnten Jahrhunderts geberdete er sich; aber das Volk jener früheren Tage ertrug solche Tyrannei noch nicht mit der dumpfen Resignation der Nachkommen.

Nach zwölfjähriger Regierung hatte Herzog Ulrich nichts zu Stande gebracht als eine Schuldenlast von fast einer Million Gulden — eine ungeheure Summe für die damalige Zeit und ein so kleines Fürstentum. Ohne den Landtag einzuberufen und nur mit dem Rate der bedeutenderen Städte verhandelnd suchte der Herzog eine Vermögenssteuer — einen Pfennig von jedem Gulden für das Jahr — durchzusetzen. Der allgemeine Unwille zwang ihn darauf zu verzichten; er probierte es nun mit einer Lebensmittelsteuer auf Fleisch, Mehl und Wein. Durch Verkleinerung des Maßes und Gewichtes sollte dies ohne Preissteigerung erreicht werden; allein so thöricht waren die Schwaben nicht, daß sie diese Maßregel nicht nach ihrem vollem Wert geschätzt hätten. Schlechte Weinjahre, die vorausgegangen waren, erhöhten noch die Erbitterung. Das neue Maß und Gewicht wurde im Lande herumgeschickt und gab den Bewohnern des Remsthales zuerst Veranlassung, ihre Meinung unter der Maske eines Scherzes zu offenbaren. Der arme Konrad machte den Witz und gewann das Landvolk, dessen Unwille bis zum Ueberlaufen voll war, für sich. Den schwäbischen Bauern war der Geist nicht mehr fremd, welcher die Bauern am Rhein zu den geschilderten Erhebungsversuchen fortgerissen hatte. In Beutelsbach, von Schorndorf nicht weit entfernt, wohnte Gaispeter, der „eine sehr aufrührerische Zunge hatte, auf seinen Gütern aber viele Schulden", wie seine Gegner ihm nachsagten. Der rief durch Trommelschlag und Pfeifen am Ostersamstag des Jahres 1514 (15. April) die Dorfbewohner zusammen und schlug ihnen vor, das Recht der neuen Gewichte durch ein Gottesurteil, die Wasserprobe, zu prüfen. Die Zusammengelaufenen stimmten zu, holten die neuen Gewichte herbei und zogen, Gaispeter an ihrer Spitze, hinaus an die Rems. Der Führer warf die Gewichte in's Wasser, indem er sprach: „Haben wir Bauern recht, so fall' zu Boden; hat aber unser Herzog recht, so schwimm empor." Als wie natürlich das erstere geschah, jubelte die Menge: „Wir haben gewonnen." Gaispeter forderte nun alsbald zum Zuge nach Schorndorf auf und, ein Beweis, daß die Sache nicht unvorbereitet war, auch aus andern Dörfern zogen am nämlichen Abend noch vor Schorndorf bewaffnete Bauernschaaren, willens in die Stadt einzudringen. Aber die Thore waren versperrt und den Bauern gab man Brot und Wein, nicht ohne sie zu vertrösten, daß man ihre Beschwerden vor den Herzog bringen wolle. Sie kehrten nach Hause zurück, scheinbar beruhigt; allein es war dem nicht so. Im Gegenteil, aller Orten wurde der arme Kunz organisirt; der Boden zeigte sich über Erwarten unterwühlt. In Markgröningen predigte am Ostersonntag und an Jubilate (7. Mai) sogar der Stadtpfarrer im Geiste des gemeinen Mannes. Der Herzog und seine verhaßten Räte spürten und fürchteten die Gewalt, welche noch im Dunkeln sich regte. Jener verweilte im kritischen Augenblick am hessischen Hofe, sah sich aber nach seiner Rückkehr veranlaßt, persönlich zu den Bauern im Remsthal zu reiten, das neue Maß und Gewicht wieder abzuschaffen und einen allgemeinen Landtag auszuschreiben, daneben freilich auch sich kriegerisch zu rüsten. So wenig vertrauensvoll sah man die Lage an, und mit Recht. Denn schon war es nicht mehr mit der Abschaffung übereilter Maßregeln gethan. Man wollte eine Aenderung des ganzen Regierungssystems und der unleidlichen Verhältnisse. Die Forderungen des bäuerlichen Bundschuhes vermischten sich mit den communistischen und socialen Hintergedanken des armen Konrad; in der Erbitterung über das, was geschehen, flossen die beiden Strömungen zusammen. „Was ain angang (einen angeht), sol den andern auch angehen und einander nit zu verlassen" schwur man gegenseitig.[1]) Jagd, Wasser und Wald sollte freigegeben, der Druck der Abgaben und Fronen abgeschafft werden. Außerdem richtete sich aber die Bewegung in ihren radikaleren Elementen wider die Ehrbarkeiten d. h. die reichen Bürger in den Städten, wider die Regierung, den Herzog und seine drei Räte, den Kanzler Lamparter, den Erbmarschall von Thumb und den Landschreiber Lorcher. Man redete von einer Absetzung des Herzogs, falls er nicht nachgeben würde. Wenn der arme Konrad 20000 bis 30000 Mann umfasse, glaubte man sich stark genug mit dem Herzog ins Gericht zu gehen und darnach mit der Geistlichkeit. Man beabsichtigte dann, „durch das Land zu ziehen in Städt und Dörfer, dem Herzog Ulrich, den Mönchen, Pfaffen und Edelleuten das Ihre zu nehmen; und wer's ihnen nit mit Lieb gebe, dem wollten sie's mit Gewalt nehmen." Selbst auf das Leben des Landesfürsten sollte ein

---

[1]) Sattler, Gesch. d. Herz. Würtemberg II. Abt. S. 170.

Anschlag gemacht werden. Im Hintergrund standen auch hier die üppigsten Phantasieen des radikalen Communismus: „Alle Dinge gemein machen; mit allen denen, so mehr denn sie haben, mitessen, trinken (und) sonst teilen oder gar nehmen; die so es nit dulden, zu tod schlagen."

Obwohl durch herzogliches Mandat Rottirungen aller Art strenge verboten wurden, so besuchte doch das Volk aus weitem Umkreise die Kirchweihen, so diejenige von Untertürkheim, (25. Mai) und trug Gedanken und Pläne der Verbrüderung hinaus in das Land. An vielen Orten stellten sich beherzte Führer an die Spitze, ratschlagten in geheimen Zusammenkünften und vermehrten täglich den armen Kunz. Im Mittelpunkt des Bundes stand Schorndorf, wo im Hause des Genossen Pregizer, des armen Konrad Kanzlei genannt, die Hauptmänner der ganzen Ver- brüderung zusammenkamen und die Vorbereitungen trafen. Die Untertürkheimer Kirchweihe war von ihnen als erster allgemeiner Versammlungstag bestimmt worden. Die Anzahl der sogar von weither gekommenen Gesinnungsgenossen bewies die rasche Ver- breitung der Sache. Der erste Schritt, der beschlossen wurde, war die Amtsstädte einzunehmen und den Vögten die Schlüssel abzunehmen. Schnell folgte die That. In einzelnen Städten wie in Calw, Backnang, gelang sie; in andern wie Urach, Waib- lingen schlug sie fehl. Wie östlich von Stuttgart in Schorndorf, so wurde nun auch westlich davon in Leonberg eine Kanzlei er- richtet. An einzelnen Orten kam es zu sehr tumultuarischen Auf- tritten; man hörte schon häufig böse Reden: „Die Reichen müssen mit uns teilen; wir wollen einmal die großen Köpfe stechen.... Jetzt haben wir das Schwert in der Hand, jetzt steht die Sonn in unserem Zeichen; andere Rät, Amtleut, Schultheißen müssen werden und nicht mehr die Suppenesser." „Der Herr ist kein Nutz' und der Marschall wird reich." Fast überall wurden die Vögte abgesetzt und dafür „bis auf den Landtag Verwalter und Statthalter" verordnet; nur in Stuttgart und Tübingen glückten diese Versuche nicht.

Soviel fühlten verständige Männer, daß zur Beruhigung etwas geschehen müsse. In den Städten bei den Bürgern brach sich diese Einsicht Bahn. Deshalb traten in Marbach Abgeordnete aus 14 Städten zusammen, um eine Vorlage für den bevorstehenden Landtag zu beraten, worin die hauptsächlichsten Beschwerden des Volkes niedergelegt wurden, sie hofften dadurch „dem unnützen Volk sein töricht Fürnehmen mit ernstlichen Mitteln" niederzulegen. Dem Herzog fiel es schwer sich nachgiebig zu zeigen und den Landtag auf den 25. Juni einzuberufen. Allein die Not zwang ihn. Schon vorher schaffte er das Anstößigste in den Augen seines Volkes ab: das Rennhaus zu Marbach und die Fuggerei; seine zahlreichen Sänger entließ er. Außerdem suchte er sich allerdings im Geheimen die Hilfe des Kaisers und benachbarter Reichsstände zu sichern — für alle Fälle. Zum Landtag, der in Tübingen gehalten wurde, trafen kaiserliche und reichsständische Abgeordnete in großer Anzahl ein, was in mancher Hinsicht von Vorteil war. Die Ritterschaft des Landes erschien aus Besorgnis, Steuern übernehmen zu müssen, nicht. Es bestand somit die Landschaft nur aus Prälaten und den Städteabgeordneten; denn Vertreter der Bauerschaft wurden nicht zugelassen, weil es wider das Herkommen laufe. Dennoch hatten auch die Dörfer Abgeordnete geschickt, welche nun in Stuttgart bleiben mußten, aber ihre Beschwerden dem Landtag schriftlich einreichen durften. Die Landschaft selbst redete eine freimütige Sprache und hielt furchtlos dem Herzog und seiner Regierung ihr Sündenregister vor. Es kam ein Vergleich und infolge dessen „der Tübinger Vertrag" — die Grundsäule der würtembergischen Landesfreiheiten — zu Stande. Es ist nicht die Aufgabe, auf das Nähere hier einzugehen. Konnten sich die Städter im Großen und Ganzen mit dem Vertrag zufrieden geben, so sahen die Bauerschaften ihre Anliegen darin wenig oder gar nicht berücksichtigt. Der Widerspruch gegen dieses Verfahren erhob sich wieder laut. Auf dem Engelberg bei Leonberg lagerten sich 4000 Unzufriedene, und von allen Seiten erhielten sie Zufluß. Selbst manche Städte zeigten wenig Eile den Vertrag anzunehmen. Es waren unterdessen die letzten Tage des Monats Juli herangekommen, und Hilfsvölker zogen dem Herzog von der Pfalz, aus Baden und Würzburg zu. Die Remsthaler ließen sich dadurch nicht schrecken. Zu Tausenden waren sie vor Schorndorf zusammengelaufen und hatten trotz des Verbotes ihre Waffen mitgebracht. Man muß gestehen, daß der Herzog ein tapferes Herz hatte. Von seinem Kanzler und Marschall begleitet, ritt er selbst in den Ring des aufgeregten Bauernhaufens. Unliebe Reden, laute Klagen bekam er zu hören: er soll sogar in Lebensgefahr gekommen sein, indem einer die Büchse auf ihn anschlug. Die Bauern gaben nicht nach, und zu ihnen gesellte sich ein Teil der Bewohner von Schorndorf. Man zog auf den Kappelberg bei Beutelsbach mit klingendem Spiele, wo im Bauernlager Hans Volmar das Amt des Hauptmanns innehatte und eifrig bemüht war, sich Zuzug auch aus dem Gebiete anderer Herrschaften zu verschaffen. Es schien, als ob nun die Waffen das letzte Wort zu sprechen hätten. Mit der fremden Hilfe sammelte sich das Landesaufgebot dem Kappelberg gegenüber; nur die Bauern, welche gehuldigt hatten, verweigerten den Zuzug, weil ihr „Gemüt nicht stund wider Brüder zu fechten". Noch einmal versuchten Abgeordnete von Städten, den Sinn der Bauern von gewaltthätiger Handlung abzubringen. Da zeigte sich doch, daß die Unzufriedenen nicht alle Eines Sinnes waren. Die milder Gesinnten ließen sich überzeugen, daß ein Vergleich besser sei als ein Krieg: und diese Meinung trug den Sieg davon. Die Bauerschaft ergab sich in die Gnade der Landschaft und erwartete heimziehend den Ausgleichsspruch derselben. Er verdient wenig Lob, denn er lief nur auf Zwang und Strafe hinaus. Stadt und Amt Schorndorf sollte den Tübinger Vertrag, wider den sie sich gesetzt hatten, beschwören, dem Herzog wurde die Befugnis eingeräumt, diejenigen, welche sich nach dem genannten Vertrag aufgelehnt hatten, vermöge seiner „Regalien" und „eines jeden Verschulden" zu strafen. Das war Alles, für den Herzog genug für die Bauern mehr als genug.

Mit einer großen Anzahl Reisiger und andern Kriegern rückte er ungesäumt in das verhaßte Remsthal. Der Bauernhauptmann Volmar von Beutelsbach wurde gefangen genommen, Schorndorf besetzt und das Landvolk des Remsthales auf den Wasen vor der Stadt entboten. Der größere Teil desselben durfte sofort ungestraft nach Hause zurückkehren. Ueber die übrigen wurde ein strenges Strafgericht gehalten. Ohne Speise und Trank ließ man sie in den heißen Augufttagen auf dem Wafen ftehen; 40 wurden in Ketten gelegt. Die Gefängniffe faßten kaum die Menge der Verhafteten. Die „Bauernkanzlei" wurde bis auf den Grund niedergeriffen, fonft in den Häufern Angefchuldigter geplündert. Am 7. Auguft erfchien der Herzog felbft mit einem ftattlichen Gefolge. Auf den Knieen riefen die Schuldigen feine Gnade an. Viele wurden um Geld und mit dem Verlufte ihrer Waffen geftraft, Volmar, fein Waibel und Fähnrich aber zum Tod verurteilt und auf dem Platze alsbald gerichtet. Ihnen folgten des andern Tages noch fieben und am dritten noch fechs Perfonen, welche in Stuttgart auf offenem Markte mit dem Richtbeil enthauptet wurden. Gar viele waren entflohen und fanden nach mancher Irrfahrt in der Schweiz eine Zuflucht: der Kaifer erklärte diefe „Ausgetretenen" in Acht und Aberacht.

Ruhe und Frieden war äußerlich hergeftellt; aber fchwere Leiden brachen bald darauf über das Land wieder herein durch die Schuld des Herzogs, der für Pflicht und Recht wenig Sinn hatte. —

Weit entfernt von dem Schauplatz des armen Konrad regte fich gleichzeitig in Ungarn, in der windifchen Mark, in Steier-mark, Kärnthen und Krain derfelbe Geift gegen die nämlichen Uebel der Gefellfchaftsordnung.[1]) Schon 1514 erhoben fich in Ungarn die Hörigen und Leibeigenen gegen den hohen Adel. Es kam zu blutigen Kämpfen und fchonungslofen Strafgerichten, in denen von den überwältigten Bauern an 60 000(!) ihr Leben laffen mußten. 1503 und 1513 hatten bereits die windifchen Bauern, „mit täglicher Schätzung und Schinderei" bedrängt, wider ihre Herren die Waffen ergriffen: umfonft. Aber fchon im nächften Jahr verbündeten fich die drei Landfchaften Steiermark, Kärnthen und Krain — Deutfche und Slaven — zunächft auf friedlichem Wege ihre Sache zu führen: die „alte Gerechtigkeit" forderten jene, das „alte Recht" (strara pravda) diefe. Aber ftatt zu hören, begegneten die Amtsleute den bittenden Land=

---

[1]) Zimmermann a. a. O. S. 113. Chmel, oefter. Notizenbl. 1851. S. 111 f.

leuten mit graufamen Gewaltthaten. Da erfchlugen die Bauern einen Vogt und einen Pfleger und traten zu vielen Taufenden in Waffen zufammen. Bevor fie losfchlugen, fragten fie noch einmal, ob man ihnen ihr altes Recht wieder geben werde. Man einigte fich, dem Kaifer, der gerade in Augsburg weilte, durch Boten von beiden Seiten die Sache vorzulegen. Diefer lieh den Befchwerden der Bauerngefandten ein gnädiges Ohr und verfprach ihnen Abhilfe und Wiederherftellung der alten Gerechtig-keit. In den Bergen war die Freude über diefe frohe Botfchaft allgemein, aber fie follte nicht lange währen. Noch ehe der Kaifer kam und Ordnung machte, kehrte bei den Herren der alte Uebermut wieder. Da bemächtigte fich eine unbefchreibliche Wut des Bauernftandes: vom Frühling bis zum Herbft 1515 führten fie, getrennt in den drei Landfchaften, ihren Rachekrieg; in Krain insbefondere mit einer Unerbittlichkeit ohne Mah. Viele Schlöffer gingen in Flammen auf; auch Klöfter wurden nicht verfchont. Wenn Edelleute in ihre Hände fielen, fo wurden fie ohne Erbarmen hingerichtet; felbft Frauen und Kinder fanden keine Gnade: es war, als wollten die Bauern den Adel mit Stumpf und Stiel ausrotten. Der Kaifer fah diefen Greueln ruhig zu. Erft als die Bauern fich nicht begnügten, „die Schul-digen unter dem Adel zu ftrafen, fondern greulich gegen Jeder-mann tyrannifirten", da fchritt er mit Heeresmacht ein. Sie wurden von einem kaiferlichen Heer überfallen und furchtbar geftraft. „Da that man nichts, denn in die Verjagten, Wehrlofen hauen und ftechen, und war ein folcher Jammer, dah alles er-mordet ward, das man ankam", erzählt ein Chronift. Dies ge-fchah hauptfächlich in Krain, wo der Bauernftand fo vermindert wurde, dah das Land an vielen Orten unbebaut liegen bleiben muhte und verödete. In Steiermark und Kärnthen kamen die Bauern beffer davon, weil fie fich felbft nicht fo groher Grau-famkeit fchuldig gemacht hatten; fie muhten zum ewigen Gedächt-nis ihres Bundes eine jährliche Steuer von acht Pfennigen zahlen; Bundpfennig wurde die neue, verhahte Auflage genannt.

So endigten auch in den Bergen die Verfuche des Land-volkes, feine alten Rechte wiederzuerlangen und die neuen Laften abzuwerfen, mit dem Siege der Herrfchaften.

140

Rückblick und Ausblick.

Die Spannung dauerte fort, die Frage war ungelöst. Es blieben die Beschwerden und die haßerfüllten Gefühle des Landvolkes. Die Versuche eine Aenderung herbeizuführen waren zwar alle fehlgeschlagen; aber daß diese Versuche schon ausnahmlos zu blutigen Erhebungen geführt hatten, gewährte keine günstige Aussicht für die Zukunft. Wenn auch die Obrigkeiten, der Kaiser und die Landesherren, mit wachsamem Auge die Vorgänge in den unteren Volksschichten beobachteten und durch strenge Verbote vor Verführung und Ungehorsam warnten, so konnten sie doch nicht verhindern, daß die treibenden Elemente mit größerer Vorsicht im Geheimen thätig waren. Leute wie Joß Fritz standen von ihrem Beginnen nicht ab. Bald da bald dort tauchten solche unheimliche Gesellen auf oder hielten Versammlungen mit Gesinnungsgenossen ab, wie jene auf dem Kniebis im Schwarzwald im Jahre 1517. Schon der Umstand redete für sich selbst, daß man jener Leute nicht habhaft werden konnte. Es fand sich Niemand, der sie verriet. Auf den Kirchweihen, bei Hochzeiten, auf Märkten und in den Schenken, wo sie zusammenkamen, redeten die Bauern von ihrem Anliegen allezeit. Mit Selbstgefühl, ja Trotz wagten sie aufzutreten; denn sie hofften viel und fürchteten wenig. Adel und Geistlichkeit war ihnen verhaßt und daß dieses Gefühl nicht erstarb, dafür wirkten nicht bloß die täglichen Erfahrungen, sondern auch zahlreiche anonyme Flugblätter, welche unter das Volk geschleudert wurden und nicht dazu beitrugen, eine ruhigere Gesinnung aufkommen zu lassen. Der Haß war ihr Grundton und der Protest gegen das Bestehende ihr Inhalt.

„Sie poltern und pochen — schrieb ein solches Flugblatt[1]) — viel auf ihre Herrlichkeit und Gewalt aus vermöge der Schrift, — aber wo bleiben hie die Wehrwölf, der Behemot Hauf mit ihrer Finanz, die eine neue Beschwerde über die andere auf arme Leut richten? . . . In welchem Buch hat Gott ihr Herr

---

[1]) Zimmermann a. a. O. S. 131.

ihnen solche Gewalt gegeben, daß wir Armen ihnen zu Frondienst ihre Güter bauen müssen und zwar nur bei schönem Wetter, aber bei Regenwetter unsrer Armut den erarbeiteten blutigen Schweiß im Feld verderben lassen sollten? Gott mag in seiner Gerechtigkeit dies greuliche babylonische Gefängnis nicht gedulden, daß wir Armen also sollen vertrieben sein, ihre Wiesen abzumähen und zu hauen, die Aecker zu bauen, den Flachs darin zu säen, wieder herauszuraufen, zu riffeln, zu röseln, zu waschen, zu brechen und zu spinnen, Erbsen zu klauben, Mohren und Spargeln zu brechen. Hilf Gott, wo ist doch des Jammers je erhört worden? Sie schätzen und reißen den Armen das Mark aus den Beinen. . . . Dazu müssen wir Armen ihnen steuern, zinsen und Gült geben, und soll der Arme nichts minder weder Brod, Salz noch Schmalz daheim haben, mitsamt ihren Weibern und kleinen unerzogenen Kindern. Wo bleiben hie die mit ihrem Handlehen und Hauptrecht? Ja verflucht sei ihr Schandlehen und Raubrecht. Wo bleiben hie die Tyrannen und Wütriche, die ihnen selbst zueignen Steuer, Zoll und Umgeld, und das so schändlich und lästerlich verthun . . . . und daß sich ja keiner dawider rümpfe, oder gar flugs geht's mit ihm, als mit einem verräterischen Buben, ans Pflöcken, Köpfen, Vierteilen. . . . . Hat ihnen Gott solche Gewalt gegeben, in welchem Kappenzipfel steht doch das geschrieben? Ja ihre Gewalt ist von Gott, aber doch so fern, daß sie des Teufels Söldner sind und Satanas ihr Hauptmann."

Mit solchen aufreizenden Worten mußte die Kluft erweitert werden, welche zwischen den Oberen und Unteren sich schon längst aufgethan hatte. Gefühl- und teilnahmlos standen sie sich gegenüber; ja es kam nicht selten vor, daß das Unglück des Einen dem Andern sogar Freude machte, daß man in der Stunde der Gefährdung des Lebens und des Eigentums des Nächsten das Gefühl des Mitleids, den Antrieb der Hilfe unterdrückte. In Bobingen, dem Bischof von Augsburg zugehörig und nur drei Stunden von dieser Stadt entfernt, war im Jahre 1515 nach der Ernte in einem Zehent-Stadel Feuer ausgebrochen. Als sein Amtmann — so klagte der Bischof über seine Leute vor dem

schwäbischen Bund[1]) — die Bauern zum Löschen und zur Rettung
aufgeboten habe, hätten sie sich nicht gerührt, sondern den Stadel
und das Getreide und alles, was darin war, ruhig verbrennen
lassen, seien mit untergeschlagenen Armen dabei gestanden, hätten
zugesehen und ihr Gespött damit getrieben. In solcher und
ähnlicher Weise machte sich der Haß Luft, gar manchmal äußerte
er sich noch viel schlimmer. Mit Strafen, welche der schwäbische
Bund als einziges Heilmittel dagegen verordnete, war nicht mehr
zu helfen: sie schütteten Oel in das Feuer; denn sie zeigten, daß
die Oberen in keinem Wege nachzugeben entschlossen seien. Die
Strenge von oben nährte die Unbotmäßigkeit von unten und den
Glauben, daß es Recht sei Gewalt mit Gewalt zu vertreiben.
Daraus zog man den weiteren Schluß, daß das Bestehende einer
gründlichen Umänderung unterworfen werden müsse. Mochten
auch viele oder die meisten unter den südwestdeutschen Bauerschaften — denn hier hatte der Geist seine Heimstätte im eigent-
liche Sinne — sich mit dem Gedanken an eine Wiederherstellung
der alten Markrechte befriedigen, so schloß sich doch an ihn mit
einer Art Notwendigkeit die Hoffnung, dem ganzen Zustande ein Ende
zu machen, der die Entfremdung dieser alten Rechte herbeigeführt
hatte. Jede, auch die geringste Reform auf dem socialen Gebiet
griff aber schon auf das politische und selbst das kirchliche Gebiet
über. Denn Adel und Geistlichkeit, um deren Gewalt und Besitz
es sich dabei handelte, waren zugleich auch politische und kirchliche Faktoren. Es war daher ganz folgerichtig, wenn der Bundschuh zu Lehen in seinem Programm die Aussicht eröffnet hatte,
daß nur Kaiser und Papst als Obrigkeit übrig bleiben dürften.
Auf welchem Wege dies geschehen sollte, wußte Niemand mit
Bestimmtheit anzugeben; aber alle hatten das Gefühl, daß in
letzter Instanz die Gewalt entscheiden werde und müsse. Nicht
erst die Reformation, das Jahr 1517 mit dem, was ihm folgte,
hat diese Fragen so zugespitzt; die Dinge standen auf diesem
gefährlichen Punkt schon länger, unzweifelhaft aber schon seit dem
Jahre 1513 und 1514.

---

[1]) Klüpfel, Urkunden z. Gesch. d. schwäb. Bundes S. 108.

Was die Astrologen aus den Sternen lasen und als eine Wirkung der Constellation mit Sicherheit prophezeiten, war im Grunde das lebendige Gefühl von dem Herannahen einer Katastrophe.[1) Schon 1480 wahrsagte Antonius Torquatus: „In diesen Zeiten werden viel und groß Aufruhr in deutschen Landen erwachsen. Die Bauern werden sich wider den Adel setzen." „Die Geistlichen (werden) gehaßt und verachtet werden von aller Welt." Grünbeck, ein Priester, Geheimschreiber und Astrolog des Kaisers Maximilian I., schreibt, es gehe die gemeine Sage, „daß St. Peters Schifflein zu diesen Zeiten soll an vielen Felsen der Ungefälle zerstoßen." Es werde kommen, daß „der minderste und verachtete Mensch nicht achten wird, seine Schätze an der obersten Gewalt, sie sei geistlich oder weltlich, höchsten Zier zu säubern." Der Mathematiker Stöffler von Tübingen weissagte eine große Ueberschwemmung für das Jahr 1524: „Die Sterne drohen Veränderungen und Wandlungen in allen Gebieten, da dies ohne Zweifel auch unsere Sünden notwendig machen."

Zu diesen Prophezeiungen traten noch Wunder und Zeichen, welche da und dort geschahen und Schreckliches erwarten ließen. Am Himmel war eine Krone erschienen; drei große und grausame Wolken stießen mit einem erschrecklichen Tosen zusammen, worauf Hagel und Fallen von Steinen mit seltsamen Figuren, wie Kreuze, Monstranzen, folgte. Ein ander Mal fielen Steine vom Gewicht eines Pfundes, drei in Manneslänge (!) und wie Speere gestaltet vom Himmel. Oder die Leute wollten zwei mit einander streitende Heere am Himmel erblickt haben.

Alle diese Dinge waren Wirkungen der allgemeinen Stimmung und Ahnung. Die bestehende Ordnung in Gesellschaft, Staat und Kirche war bis in ihr innerstes Gefüge hin-

---

[1) Friedrich, Astrologie und Reformation. S. 58 ff. Daß die Astrologie eine bestimmende und bewirkende Ursache des Bauernkrieges sei, diese Behauptung scheint mir das Verhältnis umzukehren.

ein erschüttert; man spürte, wie der Boden wankte und bebte. Da trat der Wittenberger Mönch auf und senkte die Aufmerksamkeit der Nation, ja der gesammten Welt plötzlich auf den einen Punkt der kirchlichen Frage. Durch die kirchliche Reformbewegung ist jene drohende Katastrophe für einige Jahre verschoben, aufgehalten worden; ob sie dadurch auch abgewendet werden konnte, blieb fraglich.